心一堂彭措佛緣叢書·索達吉堪布仁波切譯著文集

《蓮師金剛七句祈禱文釋·白蓮花》略講

麥彭仁波切　原著
索達吉堪布仁波切　講解

書名：《蓮師金剛七句祈禱文釋‧白蓮花》略講
系列：心一堂彭措佛緣叢書‧索達吉堪布仁波切譯著文集
原著：麥彭仁波切
漢譯：索達吉堪布仁波切
責任編輯：陳劍聰

出版：心一堂有限公司
地址/門市：香港九龍尖沙咀東麼地道六十三號好時中心LG六十一室
電話號碼：+852-6715-0840　+852-3466-1112
網址：www.sunyata.cc　publish.sunyata.cc
電郵：sunyatabook@gmail.com
心一堂 彭措佛緣叢書論壇：　http://bbs.sunyata.cc
心一堂 彭措佛緣閣：　　　　http://buddhism.sunyata.cc
網上書店：　　　　　　　　http://book.sunyata.cc

香港及海外發行：香港聯合書刊物流有限公司
地址：香港新界大埔汀麗路三十六號中華商務印刷大廈三樓
電話號碼：+852-2150-2100
傳真號碼：+852-2407-3062
電郵：info@suplogistics.com.hk

台灣發行：秀威資訊科技股份有限公司
地址：台灣台北市內湖區瑞光路七十六巷六十五號一樓
電話號碼：+886-2-2796-3638
傳真號碼：+886-2-2796-1377
網絡書店：www.bodbooks.com.tw
台灣讀者服務中心：國家書店
地址：台灣台北市中山區松江路二〇九號一樓
電話號碼：+886-2-2518-0207
傳真號碼：+886-2-2518-0778
網絡網址：http://www.govbooks.com.tw/

中國大陸發行‧零售：心一堂‧彭措佛緣閣
深圳地址：中國深圳羅湖立新路六號東門博雅負一層零零八號
電話號碼：+86-755-8222-4934
北京流通處：中國北京東城區雍和宮大街四十號
心一店淘寶網：http://sunyatacc.taobao.com/

版次：二零一五年一月初版，平裝

定價：　港幣　　　七十八元正
　　　　新台幣　　二百九十八元正

國際書號 ISBN 978-988-8316-20-5

目錄

《蓮師金剛七句祈禱文釋 · 白蓮花》略講   1

    第一節課   1

    第二節課   19

    第三節課   37

    第四節課   53

    第五節課   69

    第六節課   89

    第七節課   109

    第八節課   127

《蓮師金剛七句祈禱文釋 · 白蓮花》略講思考題   147

附：蓮師心咒之功德   151

《蓮師金剛七句祈禱文釋 · 白蓮花》略講

目錄

《蓮師金剛七句祈禱文釋・白蓮花》略講

全知麥彭仁波切　著

索達吉堪布　譯講

頂禮本師釋迦牟尼佛！

頂禮文殊智慧勇識！

頂禮傳承大恩上師！

　　　無上甚深微妙法　百千萬劫難遭遇

　　　我今見聞得受持　願解如來真實義

為度化一切眾生，請大家發無上殊勝的菩提心！

第一節課

　　從今天（2009年9月25日）開始，我想利用幾堂課的時間，介紹一下蓮師七句祈禱文的功德。

　　關於七句祈禱文，麥彭仁波切有個注釋叫《白蓮花》，裡面分了幾個層次：前面講外修法；後面講內修、密修、極密修，都是甚深的內容。而我們這次，只是簡單講一下外修法的部分。

　　這個內容也屬於密法，聽的人最好得過灌頂，即使沒有得過，也一定要對密法、對蓮師有信心。如果你持有「密法是邪道，修學密宗恐怕不合理」的邪知邪見，

那最好不要聽受，否則對你的相續不一定有利。

我們每年都會給學院的金剛道友，宣講一些密法的功德，傳授一些修法和竅訣。那麼這次所講的內容，算是密法中的簡單修法，同時也介紹了這一祈禱文的功德。

現在有很多人，因為對密宗的歷史不了解、功德不清楚，從而導致捨棄、誹謗等種種現象發生。其實作為漢傳佛教的修行人，如果各方面因緣具足，比如語言上沒有隔閡，文字上也能互相溝通，那了解一些藏傳佛教的甚深道理非常有必要。若能如此，你的一生會有很大轉變，也會獲得很大利益。否則，若對密法一無所知，恐怕會輕易捨棄這一甚深佛法，甚至造下種種嚴重罪業。因此，希望大家一定要了解密法的真相，明白它的歷史源流、來龍去脈，這樣一來，有智慧的人就不容易人云亦云、隨波逐流，對密法不會輕易放棄，更不會誹謗、詆毀。

在座很多道友從遙遠的地方來到學院，求法的心特別切，但如果你沒有打好基礎，即使求到了一些竅訣，密法的境界也不一定能獲得。為什麼呢？因為漢地的很多人，從小受家庭和教育的影響，對因果正見乃至密法的了解極其鮮少，就算長大後以某種因緣進入佛門，開始修學密法，並直接聽受最高的修法，但由於下面的基礎沒打好，相續中的正見很容易轉變、退失。

所以，為了避免自己墮入邪道，一定要次第性地了

第一節課

解密法。首先從最基本的修法開始，認識一些密法的來源和功德，這樣心才不容易退轉。否則，縱然你求法的心特別虔誠，捨棄了家庭、工作等珍愛的一切，來到寂靜地方求學正法，但不按次第來的話，結果也不會像你最初想像得那麼美好，甚至會給自己帶來種種遺憾。

現在許多道友對密法極有信心，很想得受一些殊勝竅訣，這種想法固然好，但要注意的是：你先從什麼理論或修法入手？假如沒有按部就班、循序漸進，即使得了高法也沒用，最後我傳者恐怕會後悔，你聽者也得不到什麼利益。得不到利益的話，再殊勝的佛法也沒有意義。

因此，佛陀常在經典中強調「應機施教」，這一點非常重要。以前，印度和藏地的高僧大德完全了知眾生的意樂、根基，並能隨之宣說淺深不同的法門，可是現在，這一點對很多人來講有一定困難。然即便如此，只要我們比較謹慎注意，讓大家先逐漸了解密法的真相，再適時傳講一些深法，對自他也會有實義的。

要知道，了解密法很重要。否則，就像我遇到的一些知識分子，和某些所謂的「高僧大德」，雖對密法也有表面上的研究和探討，可由於不知道最基本的歷史和修法，以致完全成了一種學術研究或口頭禪，自相續根本沒受過密法甘露的滋潤，非常可惜！所以，對密法一定要有信心，只有這樣，才會明白密法的殊勝性。而這種殊勝性，儘管在所有的佛法中都有，但密法中體現出

《蓮師金剛七句祈禱文釋・白蓮花》略講

來的，更為明顯。

　　我本人而言，學習佛法這麼多年，隨著對密法每個理論、修法的深入了解，再加上念誦咒語的感應，信心確實越來越增上。而且自己也認識到，正因為它是真理，內心才與之十分相應。因此，我並不認為密法只是表面上吸引人，實際上沒什麼高深莫測的教理或修法，其實真正有智慧的人，對它越去研究、越去修持，就越會知道它的殊勝性。

　　如今，佛教得到了舉世公認，在諸多學說和知識中，人們也普遍認為佛教是最權威的。我以前看過的書裡，許多科學工作者和對各宗教比較了解的人，站在公正客觀的角度分析時，都認為佛教非常殊勝。為什麼呢？一是因為佛教的慈悲，對所有眾生皆平等對待，這一點其他宗教都做不到；二是因為佛教的智慧，其包容性無與倫比，可涵蓋其他宗教和世間學說，卻沒有其他宗教推崇暴力等增上煩惱的因素。

　　正因為如此，前不久佛教贏得了「最佳宗教世界獎」。可能很多道友也知道，今年（2009年）7月份，日內瓦「國際聯合宗教會」召開了一個會議，會上世界五大宗教為主的各大團體、200位宗教領袖，通過投票的方式，一致表決佛教是「世界上最好的宗教」。值得一提的是，在投票過程中，很多宗教領袖並沒有選擇自己的宗教，而是把手中神聖的一票投給了佛教。

頒獎之後，有人對參會人員進行了採訪，以下是幾名選舉成員的評論：

一位國際聯合宗教會（ICARUS）的研究主管（Jonna Hult）說：對於佛教能得到這個獎項，他並不感到驚訝，因為在過去的歷史中，並沒有一場戰爭是以佛教名義而產生的，這是與其他宗教明顯不同的地方。他認為佛教徒真正實踐了他們所倡導的宗教精神，這也是佛教比其他宗教做得更徹底的地方。

天主教特德神父（Ted O'Shaughnessy）表示：他雖然深愛天主教會，但內心常常深感不安，因為在倡導基督博愛的同時，往往在《聖經》裡發現為上帝而殺害異教徒的經文。

穆斯林的神職人員（塔爾阿斌Tal Bin Wassad）說：雖然他是一個虔誠的穆斯林，但他經常可以看到，很多個人的忿怒和嗔恨，借用殺戮的方式表達對自己宗教的崇敬，而不是採取自我調解的途徑。

一位猶太牧師（羅賓Rabbi Shmuel Wasserstein）說：他熱愛猶太教，但自1993年以來，他每天作猶太人的祈禱時，都在練習佛教的內觀禪修，並將其作為修持功課之一。

……

當時參會的佛教徒，雖然只佔極少數，但所得的票數與呼聲卻最高。不過後來頒獎時，沒有一個佛教團體

《蓮師金剛七句祈禱文釋・白蓮花》略講

去領。當被問及原因時，一位緬甸比丘（Bhante Ghurata Hanta）回答說：「我們很感謝佛教被肯定，但這個獎勵是屬於全人類的，因為每個人都有佛性。」

這一則新聞，曾刊登在《人間福報》①上，內容應該比較嚴謹。據說在多家英文報紙上，對此也作過全球性報導。當然，我們作為佛教徒，並不會因為得了個獎，就像世間人一樣沾沾自喜、洋洋自得。當時佛教團體不領獎，也正體現了一種無私精神，不像世間人那樣希求名聞利養。我們之所以引用這個，重視的是佛教在全世界得到了認可，如果你知道佛教如此殊勝，那麼對佛教中佔主導地位的密宗，就會更加有信心。

關於密宗的殊勝性，個別顯宗法師可能不承認，不過這也情有可原，畢竟他們在這方面了解得比較少。但隨著認識的逐步深入，有善根、對大乘有信心的人，自然不得不承認它的加持和功德。

因此，你們修學密宗時，首先要從基礎修法入手，對傳承上師的歷史、行為等各方面了解之後，再趨入更深的生起次第、圓滿次第，乃至大圓滿、大手印等修法。否則，對密法的很多道理一無所知，直接就入於甚深修法，結果肯定非常危險。

最近我一直在強調：學密宗並不是學氣功，一定要有

---

① 《人間福報》的創辦人，是台灣佛光山的星雲大師，辦報目的是希望「人間有福報，福報滿人間」。

次第，所以加行基礎很重要。對學院的很多法師和道友，我隨時隨地都會「採訪」，雖然我沒有採訪工具，但只要在路上碰到了，就會攔住他進行訪問。令人欣慰的是，如今很多道友都感受到了次第的重要性，以前雖然學了不少理論，但並沒有將之付諸行動，通過這幾年的次第實修，好多人真正體會到「壽命無常」、「上師瑜伽」等法的殊勝，明白諸佛菩薩和上師的加持若能融入心，修什麼法都很容易，不然，光是憑藉理論、辯論、分別念，而沒有獲得不共的感應，想證悟確實相當困難。

你若有了這種認識，說明已得到「感應」了。現在讓你傳個密法，你不一定會傳；即使會，也定讓別人先從基礎抓起。所以我們這次，只是略述一下七句祈禱文的功德，至於內、密、極密的甚深修法，現在暫時不講，以後方便時再說。

下面對麥彭仁波切的《七句祈禱文釋·白蓮花》，字面上作個簡單介紹。我想沒必要引用很多教證、理證，有智慧的人學了之後，自會感受到聖者金剛語的殊勝加持。

造論之初，有一個祈禱蓮師的梵文頂禮句：

那莫革日班瑪曼則西日班則德恰雅！

三世真佛金剛持，此剎化現海生尊，

無死智身持明王，具德蓮師救護眾。

三世諸佛的本體金剛持，於此剎土中化現為海生金

剛——蓮花生大士。他擁有無死智慧，堪為成千上萬持明者之王，對於如此具德的蓮花生大士，祈求您救護吾等末法時代的可憐眾生。

越是虔誠祈禱蓮師，他的加持就越猛厲，融入我們的心之後，修行必定會順利成功。否則，末法時代邪魔外道極其猖狂，內心的邪執分別念也層出不窮，若不依靠強有力的後盾，單憑自力很難以完成修道。因此，我也再三祈請各位金剛道友：希望你們隨時以虔誠的信心，猛厲祈禱蓮花生大士。若能這樣做，你的修行一定會圓滿，善始善終。

如來加持之日輪，開啟三信之心蓮，

善說蜂蜜甘美味，具善緣者請分享。

此處用了一種形象化比喻：如來的加持猶如日輪的光芒，開啟了作者麥彭仁波切三種信心的智慧蓮花，撰著了下面這部如甘美蜂蜜般的善說，請具善妙緣分者共享。

蓮花生大士有不計其數的祈禱文，但一切祈禱文之王，就是這七句祈禱文。它並不是蓮師自己所造，而是十方諸佛祈禱蓮師的祈禱文。猶如虛空中出現《一子續》一樣，它是三世諸佛的加持與智慧積聚一體時，自然發出的聲音，故為一切加持、一切功德、一切悉地的來源或大寶藏。

你們讀了下面的功德就會知道，不說內和密的甚深意義，單單是外義，功德都大得不可思議。這一點，有

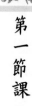

8

智慧的人肯定會明白。正因為如此，藏地108位伏藏大師的伏藏品中，無一不有此金剛七句。而且，以寧瑪巴為主的所有寺院，在共同大修任何法之前，都會先念誦三遍蓮師七句祈禱文。

　　要知道，不管是什麼人，只要以誠摯的信心來祈禱，蓮花生大士與十方諸佛、三根本②、護法神等聖尊，都會雲聚在你面前，對你賜予加持、灌頂。就像街上流浪的一個乞兒，當他淹沒在茫茫人海中無人照料時，若以哀號聲呼喚母親，母親自會循聲前來維護，給他帶來安全感。同樣，在這黑暗的末法時代，我們凡夫人靠自力很難修行圓滿，故而，祈禱上師、本尊、護法，尤其是蓮師十分重要。

　　有關此祈禱文的功德，班瑪革旺·齊美永仲朗巴③的伏藏品《七句祈禱文修法》中描述道：

　　自身住於蓮花者，入定本初法界時，

　　法性自力金剛聲，七句自生音勸請，

　　無量威光報身起，具五決定遍虛空，

　　剎土身之莊嚴顯。

《蓮師金剛七句祈禱文釋·白蓮花》略講

---

②三根本：上師、本尊、空行。

③班瑪革旺·齊美永仲朗巴：又名貢智·雲登嘉措（海外譯為蔣貢康楚仁波切），與蔣揚欽哲旺波同時代的伏藏大師，是麥彭仁波切的上師。畢生有著作90多函，最著名的是《五寶藏》。《敦珠佛教史》等史書中，均有他的生平記載，有一段是這樣描述的：「我們若是閱讀尊者的傳記，就會感覺他好像一輩子都在修持；若是閱讀尊者的論著，則感覺他一輩子都在著論；然後看看尊者的灌頂口傳，就好像他一輩子都在給人灌頂、口傳。」總之，無論從哪個角度看，尊者的弘法利生事業都極其廣大。

自身住於蓮花中的蓮師我，入於本初遠離一切戲論、不可言說的法界時，以法性力和眾生福報力，由法性自然妙力中自現出七句祈禱文的妙音。在這一妙音的勸請下，從法身的境界中，出現了具無量威光的報身，它具有五種決定④，遍於虛空際及身與剎土的莊嚴顯現，

　　以自現的方式對眷屬宣說不可言說的妙法。

　　這裡所闡述的，前面是法身，後面是報身。

　　爾時法界五佛母，利生七句歌勸請，

　　極樂世界乳海中，蓮花莖端起現身，

　　共稱托創五部名，解脫事業超思維。

　　此時，又由法界中化現出五佛母⑤，為了利益眾生，異口同聲唱誦此七句祈請文進行勸請。於是，蓮師投生於極樂世界乳海中一朵五色五瓣蓮花之莖端，化現為五部蓮花生⑥形象的托創匝（顧蔓），解脫事業無量無邊、超越思維。

　　此處講在極樂世界中顯現的，是半報身半化身。

　　復次智慧空行母，百俱胝數同聲誦，

　　釋迦佛土贍部洲，為能弘揚密宗教，

　　七句妙音予迎請，密乘來源鄔金境，

第
一
節
課

達那夠夏之島嶼，希有蓮花之莖端，

由極樂國降化身，共稱蓮生金剛名。

爾後，為了在釋迦牟尼佛的所化剎土——南贍部洲弘揚殊勝的金剛密乘，無量無邊的智慧空行母齊聲唱誦此金剛七句，迎請極樂世界的蓮師降臨人間。此時由於因緣成熟，鄔金地方（現阿富汗境內）達那夠夏島嶼的一個湖泊中，長出一朵極為希有的蓮花，阿彌陀佛心間的「舍」字射至這朵蓮花蕊上，之後便誕生了一個童子。此童子被國王恩扎布德發現，並請至宮中奉為太子，這就是人們共稱的「海生金剛」——蓮花生大士。

這是以化身來到南贍部洲。

此外，正如許多高僧大德在教言中說，蓮花生大士還是阿彌陀佛、釋迦牟尼佛、觀世音菩薩共同幻化的，一般凡夫人，甚至菩薩也難以通達其不可思議的行境。

在歷史上，蓮師來藏地弘法的時間說法各異：短的有說是3個月、6個月、12個月、18個月；中等的是3年、6年、12年；長的則有50多年、111年等等。但比較公認的，像敦珠法王在《敦珠佛教史》中記載，蓮師於多數藏人和有緣眾生面前顯現的住藏時間是50多年，即國王赤松德贊21歲時入藏，國王59歲圓寂後又待了16年。那為何有些歷史說蓮師在藏地待的時間那麼短呢？敦珠法王進一步解釋道：這是因隨順奸臣之意，而在他們面前示現的。實際上，蓮師顯現離開之後，又在藏地其他地方為有

11

緣弟子傳法，並對雪域所有地方都予以了加持。

　　時至今日，藏地的佛教仍完整不衰，各種外道無法進入，也正源於蓮師不可思議的加持和諸多護法神的護持。所以，我們要想維護自己的道場、保護個人修行，隨時祈禱蓮花生大士極為重要。其實，漢地大成就者的修持中，很多也有蓮師的修法。像「文革」期間時，漢地有些大德在監獄裡修行，圓寂後才發現他修的是密法，主要祈禱的就是蓮師。這種現象，當時在諾那活佛、貢噶活佛的弟子中非常多。

第一節課

　　顯示神變不可思，希有莊嚴不可量，

　　海島勇士空行母，大密秘密之醍醐，

　　蓮花幻化網續等，經續竅訣百俱胝，

　　所化意樂各相異，為利現今未來說。

　　蓮師來到人間後，顯示了不可思議的種種神變，以希有莊嚴的種種身相利益有情。尤其是為利益當時與未來的眾生，蓮師在根基意樂不同的空行母、金剛勇士及人類面前，宣說了無數大秘密的醍醐——《蓮花幻化網續》等經續、竅訣的法要。

　　集三根本於一體，本性蓮師之修法：

　　一切之本即七句，本基七種心識聚，

　　道位即為七覺支，勝義七財果圓滿。

　　這些法要統攝而言，就是三根本的法門；三根本再歸納起來，是上師蓮花生大士的修法；蓮師修法在每個伏

藏品、大成就者的著作中各有不同，有寂靜蓮師的、忿怒蓮師的，其中寂靜蓮師的修法又分許多種……但這些全部涵攝起來，其根本就是七句祈禱文。七句祈禱文不僅包括上師、本尊、空行的所有修法，也具足基道果的一切法：基位七識聚所攝的一切法，道位七覺支所攝的一切法，果位勝義七財⑦所攝的一切法，皆可包括其中。

對我們而言，修這個蓮師、那個蓮師可能有點困難，但念誦七句祈禱文，應該沒有問題。不過，許多人的發音或念誦音調不同，像拉薩那一帶的念誦，跟多康等地的就有差別。譬如蓮師心咒，有的念「嗡啊吽班則革日班瑪色德吽」，有的念「嗡啊吽貝扎咕嚕貝瑪悉地吽」， 很難做到真正統一。但總的來講，就像以前講的那個金剛橛的公案一樣⑧，只要你心清淨，怎麼念都沒有問題。比如念「嗡瑪呢巴美吽舍」，有人用的是普通話，有人用香港話，有人用甘肅口音，有人用四川口音，不同地方的發音各不相同。你不能說甘肅人念得標準，香港人的就不標準，所以發音不一致也很正常。

如是唯依此金剛，妙音勸請蓮花我，

立即降臨予加持，賜大智慧之灌頂。

⑦《大幻化網》中云：「身、語、意、功德、事業此五為果勝義，與智慧勝義、法界勝義，此三勝義本來無離無合，即名為自成七財勝義性。」
⑧以前，前譯寧瑪巴有位金剛橛的大成就者，叫朵拉·香曲多吉，他能夠把金剛橛插入岩石裡。薩迦班智達曾找他調伏外道一位具有神通的大學者，但他念誦金剛橛的讀音一點也不準確，本應讀作「嗡班雜格勒格拉雅吽啪」，他卻讀成「嗡班雜嘰哩嘰哩雅吽啪」。薩迦班智達糾正了他的發音，他按照糾正後的發音念誦，但金剛橛卻再也插不進岩石裡去了。後來，只好又恢復原先的讀音，而殊勝神通也緊跟著恢復如初。

如是唯一依此七句祈禱文，用美妙動聽的妙音勸請、祈禱蓮師我，我會立即降臨到他面前予以加持，並賜予大智慧的灌頂。

這是金剛語，絕對真實無欺。有些道友找不到上師灌頂，即使找到了，上師也因為忙或身體不好等種種原因不能給你灌頂。如果是這樣，你不妨天天念七句祈禱文，求蓮花生大士用智慧身給你灌頂。只要有信心，這些加持決定能得到。

三根本尊如雲集，無礙賜予二悉地，

真實覺受夢值我，虹光縈繞妙香逸。

當以七句祈禱文祈禱時，上師、本尊、空行等三根本，會如雲聚般湧現在你面前予以加持，無有障礙地賜予共同悉地與不共同悉地。同時，你還會於真實覺受或夢境中見到蓮師，修行的關房周圍也會出現虹光縈繞、妙香撲鼻等瑞相。

我在翻譯本書的過程中，真實覺受倒不敢說，但確實很多次夢到過蓮師。不過這也不是什麼很高的境界，就像無垢光尊者在《竅訣寶藏論》中講的決定六法⑨一樣，只要你按照上師言教去行持，決定會得到攝受與加持。所以，感應也好、加持也好、灌頂也好，有信心的人都能得到，關鍵在你修不修而已。

---

⑨《竅訣寶藏論》云：「謹慎行持決定之六法：依止上師決定得加持；修持本尊決定獲悉地；守護誓言決定聚護法；精進實修決定現證相；護持實相決定淨二障；無散修煉決定現功德。」

閒表示音腰鼓聲，身語意受大加持，

覺性妙力頓悟起，八部鬼神唯命從。

你在修持七句祈禱文時，常會聽到天人的法鼓聲、護法空行的妙樂聲（以前有些修行人的山洞、關房周圍，就能聽到這種聲音）；身語意會感受到很大加持，身體不調順的會變得調柔，語言不調順的會完全改變，心裡煩惱深重的也會斷除貪嗔癡（有些修行人變化特別快，就是因為諸佛菩薩的加持入心了）；還有些根基好的人，覺性妙力可頓時現前，獲得開悟的境界，此時八部鬼神不但不會造違緣，還會對你唯命是從，讓你弘法利生的事業順利、廣大。

利結緣者獲威力，速至持明之地已，

與蓮花我成無別。薩瑪雅⑩！

若修持七句祈請文，可利益無邊的有緣眾生（或許你現在還不能幫他們，但當你有了一定修行境界時，凡與你結緣的眾生，善緣也好、惡緣也罷，都有能力對他們幫助）；自己也能獲得諸多威力。有些人說話沒份量，發心也沒力量，想做點有意義的事，違緣就特別大，原因是什麼呢？一是你業力比較深重，二是鬼魔常來擾亂。所以，現在有了這麼好的法門，希望大家好好地修持，若能如此，不但可獲得威力、遣除障礙，還能讓你迅速得到持明果位，與蓮花生大士無二無別。

我即真實三根本，由大海生金剛身，

---

⑩即保密之意。

15

受持幻化網相者，相應勝解而祈禱，

賜予彼同之悉地，故為利益今君臣，

後代所化之弟子，取出心髓慈教誨。

蓮師我就是真實的三根本，是蓮花海中誕生的金剛身，是受持大幻化網相者。若能對我的功德生起勝解信而祈禱，必會獲得相應悉地。（上等的祈禱，會得到上等的加持；中等的祈禱，會得到中等的加持。）故為利益當時的君臣和後代的所化弟子，我取出了心髓般的慈悲教誨。

未弘隱蔽深伏藏，濁世出現我所化，

爾時貝若發願力，顯現光明表示文，

具慧者示調化法，利益眾生廣無邊。

薩瑪雅！

蓮師的這一教誨，當時並未加以弘揚，而是作了甚深伏藏，並授記：「未來濁世出現此法的所化眾生時，依靠貝若扎那的發願力，會顯現出這些光明文字或空行文字。」

因此，七句祈禱文非常殊勝。像貢智仁波切等大德所開啟的七句祈禱文修法，多是隱藏在大海、虛空、神山中的。蓮師前往羅剎國之後，有些歷史說，空行母益西措嘉用了一百多年的時間，把蓮師所有甚深教法全部伏藏；此外，釀・加納革瑪燃扎、貝若扎那、囊・益西多傑、布瑪莫扎等，也都伏藏了殊勝密法。在後來的時代中，這些密法均會由具緣的伏藏大師進行開取。

伏藏法的殊勝特點，方便時我想給大家講一下。其實，伏藏法並非密宗獨有，而是在顯宗中也有。敦珠法王在《敦珠佛教史》中，就引用了《河流遊戲經》等經典說，釋迦牟尼佛把某些特別殊勝的法，隱藏在某個地方，並授記未來由某某人開取。只不過這在顯宗並不常見，而蓮師的法教中特別多。

所以，藏地歷來有許多伏藏大師，讀了他們的伏藏品，會讓我們生起很大信心。尤其是《百位伏藏大師傳》中的108位伏藏大師（《敦珠佛教史》也記載了一部分），是藏傳佛教中最公認、最出名的。像眾所周知的智悲光尊者、貢智仁波切、蔣揚欽哲旺波、麥彭仁波切，也全部屬於伏藏大師。

假如你懂得伏藏法的甚深含義，就會了解到由於它是近傳而非遠傳，故傳承相當清淨，避免了師徒之間的種種輾轉，也不會被破誓言的晦氣染污。它是直接由蓮花生大士加持後伏藏於某地，並授記未來由某弟子開取，所以在種種因緣成熟時，被授記的伏藏大師以其發心力、成就力，會把這部法取出來利益眾生（也有些是以回憶前世的方式造出來）。

就像以前，法王如意寶去不丹時，來到巴卓達桑神山，即蓮師當年騎著老虎以忿怒相降伏魔眾的聖地。在那裡，上師憶起了蓮師前世的吩咐，開取出一個蓮師猛修法的簡略儀軌。這在法王的傳記中也有記載⑪，你們方

17

便時再看一下。可見，密法中有我們分別念以外的很多甚深境界，這也是後學者不得不了解的。

《七句祈禱文修法》的教證，以上我作了簡單介紹，這次就不廣說吧，只是讓你們對密法有信心的人，字面上了解一下，看七句祈禱文到底有什麼功德。這節課講完以後，很多人可能不管是走路、吃飯，天天都會念這個祈禱文。我就是這樣，乍看到一本書，暫時有特別大的信心，不過凡夫人總是不太穩定，過一段時間又容易變。但不管怎樣，假如你從根本上理解了，即使有一點點變化，大的方向也不會改變。

末法時代，祈禱蓮師的確很重要，這一點希望你們好好思維。並不是因為我學藏傳佛教，就非要把它誇得天花亂墜，在我看來，佛教也好、外道也好，只要對眾生最有利益，就可以平等地弘揚。這是我唯一的目標。

當然，對眾生今生來世最有意義的，到底是什麼法？這值得每一個人去觀察、思維。

⑪傳記中說：（法王）接著又來到巴卓達桑，這裡是蓮花生大士以八種威猛相中的忿怒金剛形象降伏邪魔的山洞。進入洞中，法王說：「此處有九函蓮師猛修儀軌的伏藏品，為了利益不丹國家未來的眾生，今生我暫時不開取，待到下世再來取出。」又說：「我本想今生現清淨比丘相度化眾生，不願開取伏藏品，但因蓮師的願力廣大，所以許多甚深密語都已從口中自然流出了。這次也不得不取出一略儀軌伏藏。」為了緣起，法王便開掘出了一個簡略儀軌。也就是說，前世中蓮師已親自吩咐許多伏藏品由法王來開取。

第二節課

前面介紹了貢智仁波切伏藏品《七句祈禱文修法》的內容，今天接著講：

七句祈禱文的功德和加持，很多伏藏大師的伏藏品中敍述得相當多，那這裡是如何講的呢？

歷史中記載，此金剛七句，是諸位金剛空行母迎請蓮花生大士薈供的詞句。昔日，五百位精通因明、聲明的外道本師到了那爛陀寺，試圖使佛教威望減低。佛教的五百位班智達無力辯論，正當他們無可奈何之際，降臨了一位空行母，告訴他們：「你們無法對付外道，若能邀請我哥哥，就會有辦法。」另有一種說法是：期間，所有班智達基本上做了相同的夢，夢中勝寂空行母授記說：「你們豈能駁倒外道？如果沒有迎請我的兄長——住在漆黑一片尸陀林中的多吉托創匝⑫，佛教將遭到毀滅。」

班智達們問：「那裡很難行走，一般人沒辦法到達，我們怎麼迎請呢？」

空行母回答：「你們在經堂的頂層陳設廣大供品，伴著妙香、樂器，以最大的恭敬異口同聲念七句祈禱文來祈禱，那麼我的兄長蓮花生大士就可以降臨。」並教給他們七句祈禱文的念誦方法。

---

⑫多吉托創匝：義為金剛顱鬘妙力，蓮師八種幻化之一。

《蓮師金剛七句祈禱文釋・白蓮花》略講

諸位班智達如是而行。剎那間，蓮師從空中降臨，居於五百位大班智達之首，通過教、理折服了五百名外道本師，令佛教獲勝。接著他們又較量咒力，外道展現各種神通，在空中飛來飛去，金剛亥母交給蓮師一個寶篋，讓他降伏外道。蓮師依言使空中降下霹靂，同時口念「吽吽」，執金剛杵以契克印指向外道，所有外道都因法力不足而摔落在地，最終不得不皈依佛教。可見，蓮師的手印、金剛杵、身相等，在降伏外道或魔眾、鬼神方面，有不共的能力。

從此，佛法尚未傳入藏地之前，在印度也好，銅洲也好，包括現在的斯里蘭卡、巴基斯坦等地，這一祈禱文非常興盛，人人喜歡念誦；而佛法傳入藏地之後，不管是出家人、在家人，一遇到違緣、障礙，或者修行不成功時，也都會合掌持誦此祈禱文。

原來我發心出家時，遇到了特別多的違緣，從種種相兆來看，似乎不能成功。於是我就抽出一段時間，專門念誦七句祈禱文。雖然裡面的修法不太懂，但從很多老人和上師口中得知，若以七句祈禱文祈禱蓮師，所有的心願都能如願以償，故而對它極有信心。後來，我通過特別虔誠的祈禱，終於順利出家了，許多違緣也奇蹟般地消失，全都無機可乘，讓人不得不歎服蓮師的加持。當然，在不信佛教或持邪見的人面前這樣說，他們或許認為我是故意吹捧，但實際上，通過多年的修行、

第二節課

祈禱，我確實再再體會到了它的力量強大。

　　因此，你們遇到修行上或心理上的魔障時，祈禱蓮師十分重要。格瑪旺波・丹增諾吾在《贊戒論》中云：「猛厲祈禱上師蓮花生，決定不為違緣所轉變。」上師如意寶常常引用這句話，不僅是引用，而且當學院的裡裡外外出現違緣時，他老人家也要求大家如是祈禱，這對弘揚佛法或自身修行等有顯著效果。

　　在座很多道友，都想變成很好的修行人，但若沒有強有力的後盾，在末法時代相當困難，我們的道心就像雲間的太陽，一會兒被魔障遮住，一會兒被違緣遮障，一會兒被邪道、邪師遮蔽，所以我始終認為，如果想修行圓滿，必須時時祈禱蓮師。倘若你是出家人，要想戒律永遠清淨，則應經常祈禱蓮師護佑，以順利遣除各種違緣；倘若你是在家居士，要想在惡劣環境中修行圓滿、善始善終，就更要祈禱蓮師了。

　　正如剛才所說，只要以信心和恭敬心一心一意祈禱，蓮師剎那間便會出現在我們面前，以不可思議的威力遣除所有痛苦；反之，若不願意祈禱蓮師，即使他有不可思議的加持，也不一定對你有利。就好比一面取火的放大鏡，雖然它有接受陽光的能力，但若不對著太陽，始終也不能生火；而一旦它對著太陽，縱然太陽無比遙遠，但當照射到鏡面上時，就能奇妙地產生火焰。所以，我們的祈禱至關重要。

有些人常講：「只要觀心就可以，沒有必要持咒、念祈禱文，這些都是多餘的。」當然，你如果是根基不錯的利根者，自然安住是可以圓滿一切功德，但對大多數普通人而言，則要通過祈禱、念咒等方式，才能真正與諸佛菩薩相應。

現在有些上師說，祈禱文、咒語如同電話號碼，可用來跟蓮師及諸佛菩薩接通，與其相應、得其加持。我覺得這個比喻不太合適，因為電話號碼可以換，如果對方換了，我們就打不通了，可是諸佛菩薩的咒語始終也不會換，沒聽說過去祈禱蓮師用七句祈禱文，現在21世紀就不用了。不過，從與對方接通的層面來講，用這個比喻也可以。

我們平時念祈禱文、咒語，心會非常平和，除了偶爾產生分別念，不可能一邊念咒，一邊生起猛厲的嗔心、貪心。以前有些大德一輩子念了幾億心咒，正因為如此，他們對世間雜亂瑣事不會特別執著，大多數時間心都非常清淨。所以，常持咒也能減少相續中的煩惱。

言歸正傳，蓮師七句祈禱文的功德極大。蓮師來藏地樹立佛幢之後，便將此祈禱文恩授給國王赤松德贊、貝若扎那等有緣君臣；念及後代，又在所有伏藏品中，都留有此金剛七句。

藏傳佛教歷史上，有百位著名的伏藏大師，其傳記不知漢文中有沒有，英文中有，是相當厚的一本書。伏

藏法是種很特別的法，以後有必要給大家介紹一下。對於這種法，雖然佛經中也有隱藏的記載，但唯有在蓮師法教中才得以廣弘。藏地有許多伏藏品，其教義極其殊勝，且每個伏藏品，及蓮師的傳記⑬中，都有七句祈禱文的不共修法。迄今為止，它一直成為具有真實驗相之加持、成就的大寶藏。誰若能經常持誦，修行定會順利成功，各種境界頓然出現，內外魔障自然消失，傳承上師的加持、智慧、悉地也會很快融入於心。

據我了解，學院有很多道友一直在念七句祈禱文，多年以來，每天念100遍七句祈禱文、1000遍蓮師心咒，從不間斷。這樣堅持下去，必定能遣除修行的很多道障，身心也容易與法相應。只有心與法相應了，諸佛菩薩才會時時加持，對三寶的信心自然越來越強，此時證悟萬法的本體一點也不難。相反，假如心跟法不相應，就不會得到上師、諸佛菩薩、護法空行的加持，僅憑自己微薄的力量修行，縱然再精進、再努力，最終的結果也不會很理想。

所以，對如此具殊勝功德的加持文，我們一定要像重病患者隨身帶著特效藥一樣，隨時隨地都要修持。其實人人皆有煩惱、障礙、違緣，這一點我們心知肚明，只不過很多人不說而已。常聽有人抱怨：「就我煩惱

《蓮師金剛七句祈禱文釋・白蓮花》略講

---

⑬有些大德說：蓮師的傳記，《大藏經》上記載的有四千九百多種，為智慧佛母益西措嘉、大樂佛母、智慧勝樂佛母等蓮師弟子所寫下，但目前已看不到這麼多種。每部傳記中，都提到了修行此蓮師七句祈請文的功德。

重，就我違緣多，為什麼每次修行都不成功？別的道友多好啊，早上起床那麼早，每天背誦那麼多，平時也沒什麼煩惱。而我，要麼生病、要麼痛苦，怎麼辦呢？」實際上在這個時候，可能是很多看不見的非人鬼神正在對你作損害，為了自己的修行順利，一定要持誦最有力的咒語或祈禱文。

以前，許多修行成功的大德即是如此。他們的身邊或不易被發現之處，藏有很多秘訣，而這些不一定是不為人知的東西，很可能就是七句祈禱文等眾人皆知的竅訣。依此修持，即可得到三寶的加持，不容易隨違緣所轉，到晚年時回顧自己的一生，肯定非常快樂。麥彭仁波切在《快樂歌》中也說：「如今的芸芸眾生遇到邪知識、墮入惡趣，與他們相比，我遇到蓮花生大士的教法，遇到這麼好的傳承上師，真是不幸中的萬幸，多快樂啊！」

現今，我們雖處於黑暗的五濁惡世，群魔亂舞、魔障猖狂，但所幸的是，有緣遇到了無須任何懷疑的正法，以及具殊勝加持的蓮師教法，的確值得歡喜！這並不是我隨口說說，確實是發自肺腑之言。我心中常想：「現在的環境如此惡劣，我卻遇到了這麼好的上師、這麼好的教法，真是千百萬劫積累資糧的果報，實在太幸運了！」這一點，相信很多人也都有同感。

下面，簡明扼要地講解七句金剛句的意義。它分為

三個部分，即外解說祈禱正文句義、依內解說金剛句隱義、匯集實修道次第。其中，第一部分，我準備全部講完；第二部分，包括解脫道、方便道的修法，因涉及灌頂和修完加行，所以文字上雖已翻譯，但這次不講；第三部分，是實修蓮師的上師瑜伽，這也可以講。也就是說，中間部分暫時不講，只講前後兩部分內容。

第一、外解說祈禱正文句義：

『藏文』	『漢文』
吽	吽
歐堅耶傑呢向燦	鄔金剎土西北隅
巴瑪給薩東波拉	蓮花蕊莖之座上
雅燦巧格歐哲尼	希有殊勝成就者
巴瑪炯內義色札	世稱名號蓮花生
括德喀卓芒布果	空行眷屬眾圍繞
且傑吉色達哲傑	我隨汝尊而修持
辛吉洛協夏色所	為賜加持祈降臨
革日班瑪斯德吽	革日班瑪斯德吽

簡而言之，第一句為蓮師出生之地；第二句為蓮師降生之方式；第三句為蓮師之希有功德；第四句為蓮師聖名之殊勝；第五句為蓮師之眷屬；第六句為隨修者對蓮師之信心；第七句為蓮師加持賜成就；第八句以咒語印持。

廣而敘之，三世如來的總體蓮花生大士，在法身界中，與普賢王如來無二無別；在報身界中，是具有五決定的受用圓滿身；在化身界中，顯現種種遊舞以利益有情。所以，蓮師所安住的境界，唯一是佛陀的行境，而不是其餘有情的境界。

在普通人面前，蓮師可能只是個了不起的密咒士，然而他的真實境界，世人絕對無法衡量。誠如《蓮師略傳》所言：「極樂世界無量光，普陀怙主觀世音，達那夠夏蓮花生，外形雖顯三身相，實則無二也無別。」極樂世界無量光佛、普陀山怙主觀世音菩薩與達那夠夏的蓮花生大士，三者在外相上雖然不同，但實際上無有二致。又云：「法界剎土普賢王，密嚴剎土金剛持，菩提伽耶釋迦佛，與我蓮師無別成。」法身界中的法身普賢王如來、密嚴剎土的報身金剛持、娑婆世界的釋迦牟尼佛，這三者與我蓮師無二無別。

這兩個教證，均出自鄔金朗巴⑭的《蓮師略傳》。藏地有許多蓮師的傳記，如法界金剛、桑吉朗巴、鄔金朗巴的伏藏品中都有。小時候我專門抄寫過這些，現在手上還保留著。以前我在放牛時，背過法界金剛的《蓮師略傳》；而鄔金朗巴的那個《略傳》，雖不太會背，但許多偈頌記得很清楚；藏地還有一部《蓮師廣傳》，這

---

⑭鄔金朗巴：百位伏藏大師之一，非常了不起的大成就者，單單是伏藏品就有20多函。

些若供奉在家裡或佛堂中，可以遣除諸多違緣。對此，不信佛教的人不一定相信，但如果你真正有信心，就會知道在遣除魔障方面，蓮師確有不共的威力。所以，有些道友若自認為著魔了，或者違緣特別大，我的建議向來如此：要好好地念蓮師心咒。

或許有人懷疑：「您有沒有神通啊？沒有的話，怎知道我該念蓮師心咒？」我雖然沒神通，卻有這方面的專業理論。就好比對醫學博士而言，有人生病了，通過把脈、看舌頭就能了知，同樣，我修學佛法這麼多年，看別人該念什麼咒語，基本上能一目了然，不一定需要神通。如果是要去探知別人的心，沒有他心通則很難做到，但這只是個一般的觀察，用常識就足夠了。因此，大家務必要清楚，在遣除違緣方面，蓮師有不可思議的能力。

如上所說，蓮師三身的遊舞無量無邊。就這個剎土而言，在包括百俱胝三千娑婆世界的三十六世間界⑮，以及分別的不同六道等處，蓮師以種種名號、形象在度化眾生。（你們若聽過《聞解脫》法門就會知道，蓮花生大士其實與釋迦牟尼佛無別，在六道中都有不同的幻化身。）單單是我們這個南贍部洲⑯，他也是示現一身體、八名號、二十神變等不可思議的幻化，在弘揚佛法。

⑮毗盧遮那佛心間有三十六層世界，我們這個娑婆世界位於第十三層，詳見無垢光尊者《如意寶藏論》等論典。
⑯六道中的人道又分四大部洲，南贍部洲只是其中之一。

《蓮師金剛七句祈禱文釋・白蓮花》略講

蓮師的八種名號，實則為八種不同的化現，大家方便時，應看一下「蓮師八變圖」的唐卡。在那個唐卡上，中間畫的是我們平時觀修的蓮師形象，周圍就是蓮師八種不同的身相。

　　（一）海生金剛：最初，阿彌陀佛心間的「舍」字，投射到鄔金達那夠夏大海的蓮花上，蓮蕊中誕生了一位八歲童子。鄔金國王恩札布德膝下無子，因其樂善好施，不時供養三寶，故國庫空虛，於是到大海裡取寶。在回程途中，大臣紫那木扎首先見到蓮師，接著國王也見到了，對其生起極大信心，迎請到宮中作為太子，賜名「海生金剛」。

　　（二）忿怒金剛：蓮師降伏了奸臣之子，國王將其流放到尸陀林。他在不同的尸陀林中，為有緣的人與非人宣說了種種殊勝法門；對無緣的對佛法有邪知邪見的鬼神，以忿怒金剛的形象全部降伏。

（三）釋迦獅子：在印度金剛座，蓮師示現種種神通，說自己是自生之佛陀。很多人不信，並加以誹謗。為把這些眾生引入解脫道，他在扎巴哈日上師座下示現出家，此時被稱為釋迦獅子。

（四）愛慧蓮師：蓮師於西日桑哈、桑吉桑瓦（佛密）等諸多上師面前，得受了以大圓滿為主的眾多顯密教授。他聽聞任何一部經典和續部，都能瞭如指掌、通達無礙，故叫做羅丹確哲，漢譯為「愛慧」。

（五）班瑪托創匝：蓮師在薩霍國示現種種神變，國王不承認他的成就相，命人堆積木柴焚燒他。結果烈火變成了湖，木柴變成了蓮花，蓮師端坐在蓮花上，頸上掛著骨鬘以作莊嚴，沒有受到絲毫損傷，此時叫班瑪托創匝。托創匝即

《蓮師金剛七句祈禱文釋·白蓮花》略講

顧鬘妙力之義，指蓮師用骷髏鬘裝飾身體。（這個蓮花湖，法王去印度時專門朝拜過，並於此地造了個《蓮師略傳》，其中有大量修法。）

（六）蓮花王：薩霍國王和大臣們對蓮師生起極大信心，請他擔任國師十三年，並從國庫裡取出珍貴的衣飾、蓮花帽等作供養。蓮師戴著蓮花帽，這時叫班瑪加波，即蓮花王。

（七）日光蓮師：在格拉佐尸陀林，蓮師示現種種禁行，給空行母們傳授密續法門。並降伏了一些鬼神，對其宣說諸多妙法，在日光上顯示各種神變，故叫革日寧瑪沃熱，即日光蓮師。

（八）獅吼蓮師：在印度金剛座，蓮師於辯論中擊敗了五百邪見外道，並依靠咒術的威力降伏了他們，使外道們屈服並皈入佛門，此時叫革日桑給扎周，即獅吼蓮師。

蓮師的八種幻現，各自有不同的祈禱文。這些幻化，伏藏品《七品祈禱文》等中也有介紹。不過，在不同的伏藏品中，所描述的蓮師形象和狀況也略有差異。

現今蓮師已去往羅剎洲，安住在銅色吉祥山的蓮花宮⑰，於其上中下三層，分別以三種化身莊嚴安住著。在二十一大羅剎洲的每一處，也都顯示不同名號、身態的幻化。《敦珠法王自傳》中描述過，一次他去羅剎洲拜見蓮師時，在蓮師周圍，見到了許許多多化身相。不過，這是在一位瑜伽士的清淨智慧前顯現的，不一定誰見的都是如此，每位伏藏大師在修法中的描述各不相同。羅剎洲有很多洲，就像現在一個國家分了很多省，或如美國分成50個州一樣。在羅剎洲的各個洲裡，蓮師以不同的方式在度化眾生。

總之，蓮師的事業無邊，盡法界際。昔日，他在過去諸佛時曾現身於世，而今佛陀的這一聖教中，印度等地的大多數智者、成就者，也都是蓮師的幻變。（如《益西措嘉空行母密傳》裡說，印度的帕單巴桑吉，就是蓮師的化身。）在印度、漢土、香巴拉、銅色洲等不同地域，蓮師對諸位持教者進行加持、攝受，並幻化為人、動物、建築物等不同身相，廣泛弘法利生。

有些人認為：「蓮師只是個普通在家人，他的觀點

---

⑰蓮花宮：又名蓮花光剎土、銅色吉祥宮，藏文是桑多花熱。如今色達、德格、白玉、青海等地的很多寧瑪派寺院都在修，一般來講是三層，但也有是十三層。

這個不對、那個不如法⋯⋯」這些說法讓人聽了只想笑，不想跟他爭辯什麼。就像漢傳佛教中有人說「阿彌陀佛如何不好，禪宗的觀點如何不行」一樣，懂道理的人只能覺得他有問題，而不會正面去反駁。現在漢地有不少人，由於語言文字、民族傳統的關係，對藏傳佛教並不了解，尤其對蓮師在印度、藏地、漢地等處弘揚佛法、利益眾生的狀況一無所知，從而相續中有無數邪見。其實，蓮師並不只是個有頭髮的密咒師，你如果這樣相提並論，太可怕也太可笑了！

　　所以，這次我們講蓮師祈禱文很有必要。要知道，藏傳密教博大精深，對人類乃至全世界的利益無法估量，如今它不僅僅屬於藏地，無數國家和地方都從中受益匪淺。在現在這樣的時代中，倘若沒有如此強大的加持之光，根本不可能驅除魔障的黑暗，獲得解脫的光明。所以，對於諸佛菩薩的種種幻化，千萬不要憑一己分別念去毀謗。

　　在我們藏地，蓮師的足跡幾乎踏遍了每寸土地，並且全都予以加持。比如拉薩那一帶，就有蓮師加持過的25大聖地；安多、康區也分別有25個這樣的聖地。蓮師加持過的這些地方，在很多年代中，都沒有被外道或邪道佔領。可見，大成就者曾去過的地方，跟一般人的截然不同。

　　不過，現在人好像不注重這些，他們更注重的是名

氣。例如，某某醫院來了一個歌星，從那之後，此歌星的照片會永遠掛在醫院大廳裡，供人瞻仰。其實醫院是救死扶傷的地方，一個唱歌好的人就算來過，也不會對病患有實質性的利益，只是給醫院帶來點名氣而已，其他並無多大意義。而蓮師去過很多地方，就與此完全不同了，希望大家能明白這個道理。

你們今後要掛照片的話，沒必要掛某某歌星、某某領導的，而應該在家裡、車上掛蓮師像，這有很大的加持。有些人喜歡掛上師的照片，雖然這也可以，但我覺得，蓮師是一切上師的總集，掛蓮師像會更有加持。如果我看到有些道友的車上掛著蓮師像，就會由衷感到：「蓮師的加持不可思議，他的一切肯定吉祥。」而如果看到掛著我的照片，就會替他感到深深悲哀：「唉，這個人竟如此迷茫，掛我的照片有什麼用呢？不但沒有什麼利益，反而對自他可能都有害。」

所以，道友們以後要學會分清真偽。雖然有些上師對你有恩德，從世間情意上，對他心存感激也無可厚非，但上師的加持與蓮師的無法同日而語。儘管經論中也有「上師即佛」的觀點，但這要用大量教證、理證轉彎抹角地建立，並需要經過很長時間的辯論。倘若你崇拜一位上師，一旦他行為不如法，你就會感到很迷惑：「『佛』怎麼還幹壞事？」進而對「佛」產生邪見。信奉蓮師就不會這樣，他的加持無有爭議，所以把蓮師像

掛在車裡、佛堂中，或當作護身符，是最好的。

蓮師住世時，曾隱藏了許許多多甚深伏藏品，並授記了開取的時間、人物及其使用方法，同時，對製造違緣的所有鬼神加以降伏，讓他們立下護持佛教的金剛誓言。蓮師還親口承諾：未來乃至佛法住世期間，會一直以幻化身護持藏地百姓。並囑咐藏地十二地神母⑱、二十一優婆塞、十三歌神等諸多鬼神，不准外道入藏。

看過蓮師傳記的人都清楚，昔日藏地鬼神非常多，他們不願佛法得以弘揚，於是處處製造違緣，不讓建造桑耶寺，連國王赤松德贊、菩提薩埵也無計可施。後來迎請蓮師進藏後，蓮師以其不共的威力與咒力，才順利為桑耶寺作了奠基。現在有些歷史學家也承認，桑耶寺曾打過兩次地基，蓮師的那次是第三次。但歷史學家的說法，有時跟我們相同，有時也不相同，因為他們純粹是學術研究，只停留在蓮師最初是公元多少年來的、國王赤松德贊是什麼年代，卻不認可我們修行人所需要的加持。

藏地的佛法，包括進藏求學的道友，歷來為十二地神母等護法神所護佑，許多修行人也常念誦其祈禱文。記得在「文革」期間，法王如意寶專門作了一個祈禱

⑱十二地神母：又名永寧地母十二尊，立誓永遠保佑藏土的十二尊主要地祇女神：遐通名揚地母、葉岩孚佑地母、普賢地母、魔后地母等為四魔女神；獨具支眼地母、賢德明妃地母、剛烈尊勝地母、白衣龍后地母等為四藥叉女神；藏土孚佑地母、太一濟世地母、麗質冰心地母、翠聰綠炬地母等為四女醫神。

文，文中說：「十二地神母，你們曾對蓮師作過怎樣的承諾？如今藏地都變成了這樣，你們卻不聞不問，是不是一個個都睡著了？你們跑到哪裡去了？」當時印度有位大德也造了個祈請文，內容與此不謀而合。有了這些祈請以後，不久佛教果然再次興盛。

可見，護法神有時候需要勸請。就像有些發心人員有點累了、不聽話了，你狠狠地批評一下，他馬上就清醒了。十二地神母也有段時間對佛教護持不力，但後來就好了，尤其是現在，對佛法保護得非常好。我們可以看得到，在藏地，外道的事業往往不順利，有人想建造其他宗教的殿堂，始終不能成功，違緣層出不窮，這也是有目共睹的事實。

總之，蓮師的加持不可思議。這一點，並非因為我是藏族人、喜歡蓮師才這麼說，其實蓮師又不是藏族人，而是印度人。但不管我們是哪裡的人，都要經常祈禱蓮師。看看歷史就知道，很多大德、大成就者因為對蓮師有信心，故而修行非常成功。所以，我每次看到有些人對蓮師信心特別大，就會覺得：「這個人的修行定能成功！」這是自然而然產生的分別念。當然，這個分別念的背後，還有很多豐富的教理依據，不過因為時間關係，我無法一下子全部展現。

《蓮師金剛七句祈禱文釋·白蓮花》略講

大勢至菩薩

第三節課

現在繼續介紹蓮師七句金剛文。

為什麼要給大家講這部法呢？因為現在漢地很多學顯宗的道友，包括極個別學密宗的人，對蓮師生平不是特別了解，對密宗的甚深教言也比較陌生，通過這次介紹七句金剛文，可以讓大家多方面了解藏傳密教的殊勝性。如果這樣的教法不符合佛教、不符合真理，我們也沒必要弘揚它，因為把非理偏說成真理，也是一種欺騙。但我們始終不願這樣做，也不會這樣做。

過去由於各種原因，很多人對密法不了解，包括藏傳佛教的虹身成就，大家都覺得不可能，或者認為是一種傳說。實際上這種想法不合理。密宗有許許多多竅訣，有信心的人若去實修，一定會得到感應、覺受、證悟，這是毫無疑問的。所以，我很想讓你們多了解一下傳承大德們的事蹟，以便對密法生起信心。

現在有不少修行人，應該說信心比較足，人也很虔誠，可是因為沒有善知識引導而不通教理，所以很容易誤入歧途，甚至誹謗聖教。其實，密宗有很多殊勝竅訣，這在我們閱讀高僧大德傳記時就會發現。例如覺姆滿莫，是藏傳佛教中依伏藏法而成就的著名女性成就者。她依止了格日曲吉旺修等上師，甦醒了伏藏種性，開取了許多意伏藏。36歲時，她與兩位女侍者在曲扎山

《蓮師金剛七句祈禱文釋・白蓮花》略講

上，做了一個簡單的薈供，之後便如雄鷹飛空般，不捨肉身而直接飛往蓮師吉祥剎土。此情景恰巧被當地牧人們見到，牧人們在食用了她薈供的加持品後，也都得到了殊勝的境界。

漢傳佛教中也有類似公案。如漢地第一位比丘尼——淨撿，我在《密宗虹身成就略記》中提到過她的事蹟，隆蓮法師在1997年第6期《洛陽佛教》刊登的《心經講記》中，以及《比丘尼傳》中⑲，也都講述過她的公案。以前漢地沒有比丘尼戒傳承，淨撿等人直接從比丘中受戒，得戒時戒堂香氣芬馥、撲鼻而來，出現了種種神奇瑞相。自此她精進修行，從不懈怠。在70歲她要圓寂那天，天空中出現一道美妙的彩虹光，光中下來一位手持花束的女人。淨撿告訴眾人：「我要走了，你們要精進修行！」說完，不捨肉身與這個女人前往清淨剎土去了。後來，藏地的「空行母成就法」傳至漢地時，人們才知道淨撿是修持密法的最高成就者⑳。

昨天有些女眾問女成就者的公案有哪些，今天我就順便講了兩例。以前我在不同場合中也說過，不管男眾還是

⑲《比丘尼傳》，梁代高僧寶唱撰，是晉、宋、齊、梁四朝著名的比丘尼六十五人的傳記。《比丘尼傳》云：「晉竹林寺淨撿尼傳一：晉土有比丘尼亦撿為始也。當其羯磨之日，殊香芬馥，闔眾同聞，莫不欣歎加其敬仰。善修戒行志學不休，信施雖多隨得隨散，常自後己每先於人。到升平末，忽復聞前香並見赤氣，有一女人手把五色花自空而下。撿見欣然，因語眾曰：好持後事，我今行矣！執手辭別，騰空而上。所行之路有似虹霓，直屬於天。時年七十矣。」據有些歷史記載，淨撿比丘尼學過密法，並認識從印度來的密宗高僧佛圖澄。
⑳修密法的成就，最高是不捨肉身直接往生剎土，不留指甲、頭髮；次一等是身體走，衣服不帶；再次一等是身體縮小。

女眾，只要對上師三寶、殊勝教法有不退的信心，都可以不捨肉身而前往清淨剎土。這樣的公案非常非常多。

因此，了解密宗極為重要。現在有些人愛誹謗密法，對蓮師、密續、寧瑪巴八大法行㉑等不能接受。不過這也情有可原，因為他們沒有依止過善知識，對藏密的殊勝竅訣、傳承上師的來歷一無所知，尤其是再受環境影響，依止了一些惡知識，這樣一來，毀謗就更容易發生了。

你們這次通過學習蓮師的功德和修法，以後在有生之年中，就算甚深的密法修不成，也千萬不要毀謗侮辱密宗甚深的見解、修行、行為。否則，不但即生會感受可怕難忍的果報，未來的生生世世中，也會墮入三惡趣不能解脫。這是肯定的！

我個人而言，從小對蓮師有特別強烈的信心，無論是放牛、上學還是出家，四十多年來從未改變，也從未對蓮師的甚深見修產生過懷疑、邪見。但是我發現身邊的道友，有些因為不了解而毀謗密宗，有些剛開始似乎信心十足，後來卻以種種因緣，對蓮師的法門置之不理，甚至肆意詆毀，這都是相當可怕的行為。希望你們不要趣入這種愚昧之道！

下面繼續介紹七句祈禱文：

㉑八大法行：是寧瑪巴所修的出世五法行和世間三法行。前五者為文殊身、蓮花語、真實意、甘露功德、橛事業；後三者為召遣非人、猛咒詛詈、供讚世神。

《蓮師金剛七句祈禱文釋·白蓮花》略講

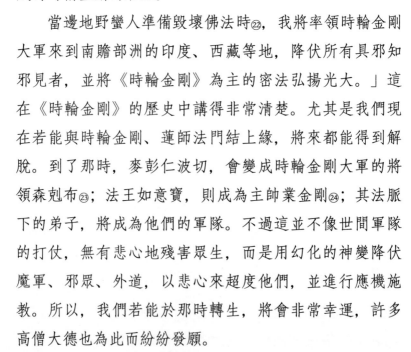

伏藏大師德賢巴的秘密授記中記載：「蓮生我成忿怒尊，廿五君臣成軍隊……」這是對未來的一個授記。蓮花生大士說：「我將來會變成忿怒尊——勇武輪王，成為時輪金剛的君主。

當邊地野蠻人準備毀壞佛法時[22]，我將率領時輪金剛大軍來到南贍部洲的印度、西藏等地，降伏所有具邪知邪見者，並將《時輪金剛》為主的密法弘揚光大。」這在《時輪金剛》的歷史中講得非常清楚。尤其是我們現在若能與時輪金剛、蓮師法門結上緣，將來都能得到解脫。到了那時，麥彭仁波切，會變成時輪金剛大軍的將領森剋布[23]；法王如意寶，則成為主帥業金剛[24]；其法脈下的弟子，將成為他們的軍隊。不過這並不像世間軍隊的打仗，無有悲心地殘害眾生，而是用幻化的神變降伏魔軍、邪眾、外道，以悲心來超度他們，並進行應機施教。所以，我們若能於那時轉生，將會非常幸運，許多高僧大德也為此而紛紛發願。

1986年，法王如意寶曾灌過時輪金剛的頂。當時灌頂需要一個標誌，法王就定為「紅大鵬」，即我們脖子

㉒距今兩百多年之後，也有說三百多年之後。
㉓《全知麥彭仁波切略傳》云：「未來時輪金剛大軍降臨人間後，將毀滅邪魔統領之軍隊，彼時我將為時輪金剛大軍中名為森剋布之一將領。那時我將聚集起所有傳承我教法之人，並使其均能享受到時輪金剛吉祥妙法之味。為促成圓滿此殊勝勝起，我已囑三藏大師堪布根華為眾眷屬傳講《時輪金剛大疏》。」
㉔《法王晉美彭措傳》云：「（法王的前世）列繞朗巴再過五世成為時輪金剛軍隊的主帥，統領五萬眷屬降臨人間消滅外道，凡與之結緣者均可往生香巴拉剎土。」

上常戴的大鵬鳥。這是怎麼來的呢？一方面，法王想灌頂時，帝察活佛正好供養了一張大鵬鳥的唐卡，緣起很吉祥；另一方面，以前法王在紫青山谷時，空行母達熱拉姆（年龍佛母）撿到一枚非常希有的銀幣，一面是大鵬鳥王調伏毒龍的圖像，另一面是雪山頂上旭日東昇的圖像，並將之供養給法王，法王見後非常高興，這標誌著佛法再弘的機緣已成熟。從這些緣起來看，法王決定把大鵬作為標誌。

當時，我們每個人請了一張黑白的大鵬像，是在學院拍照片的漢人做的。法王如意寶說，一大早他和意平活佛就跟這人討價還價，講了半天以後，本來是一塊錢一張，終於砍到五毛錢。上師讓我們每人請一張作為灌頂的標誌，說將來時輪金剛軍隊也以大鵬為標誌。從那時起，法王如意寶開始對「紅大鵬」進行弘揚。

前段時間，我為菩提學會也設計了個大鵬，印在很多法本的封面上。之所以這麼做，是因為有特殊緣起：一、法王說大鵬是將來時輪金剛軍隊的標誌，我們也應發願跟隨上師，變成時輪金剛的幻化軍隊來降伏魔眾；二、無量劫前，一位轉輪王膝下有1003位太子，這些太子都發了殊勝菩提心，為利一切有情願成佛，而只有最小的太子發願：「兄長成佛時若出現任何違緣，皆由我來遣除。」後來，他以此願而變成大鵬。因此，祈禱大鵬能夠驅除一切違緣。

《蓮師金剛七句祈禱文釋・白蓮花》略講

在藏傳佛教中，大鵬的修法非常多，像伏藏大師德欽朗巴的伏藏品裡，就有黑大鵬、花大鵬、紅大鵬的不同修法㉓。法王如意寶平時講的，主要是紅大鵬，這個觀修起來比較容易，伏藏品裡有個簡單的修法：

首先，觀想一個發出五光的蛋，蛋上的標誌是藏文「充（）」字。此字一剎那變成紅大鵬，嘴裡叼著毒蛇，雙翅燃燒著火焰，發出咒語的自聲，以智慧火焰無害而焚燒一切惡龍。一邊這樣觀想，一邊念大鵬心咒「嗡充噶日扎匝類匝類吽啪的」。念這個咒語很重要，因為在末法時代，惡龍對我們的擾害相當大，若能常誦大鵬心咒或者佩戴大鵬像，便可摧毀魔眾、惡龍、地神、妖魔鬼怪所帶來的各種違緣。

話說回來，德賢巴大師的這個授記中還說：在藏地雪域，舊派（寧瑪巴）、新派（噶當、格魯、薩迦等）的持教大德，多數是蓮花生大士的化身。

平時常聽人問：「我是學寧瑪派的，能不能學格魯派？」「我是學格魯派的，能不能學薩迦派？」「我是學薩迦派的，能不能學噶舉派？」在他們心裡，好像這些不同的宗派水火不容，互相抵觸、互相矛盾，其實這是不合理的。藏傳佛教中諸位持教大德再三強調：各教各派的創

㉓各伏藏品中有許多種不同的大鵬修法，其中白大鵬是身部大鵬；紅色是語部大鵬；藍色是意部大鵬；黃色是功德部大鵬；綠色是事業部大鵬；花色是殊勝智慧部大鵬。此外，還有大鵬分二十一類等說法，如此也就有了不同部的修法。

教祖師，都是諸佛菩薩的化現，他們所創立的本派教義，也都是從發心、積資到獲得二身㉖，根本沒有任何矛盾。

關於這個問題，寧瑪派的大德有很多教理，但我們作為寧瑪派的行人，僅憑一家之言很難令人信服，所以上師如意寶常引用其他教派大德的教言來論證。如第四世班禪樂桑曲堅云：「大智成就蓮花生，化身具德阿底峽，又化羅桑扎巴華，我無其餘皈依境。」意思是，前弘時期開創藏地佛法的蓮花生大士，化身為後弘時期再弘佛法的阿底峽尊者，又化身為具德宗喀巴大師，除了這三者以外，我沒有其他皈依境。由此可以看出，此三大教派的祖師皆為同一化身。

第二世達賴喇嘛格鄧江措也說：「成就持明蓮花生，五百頂飾阿底峽，金剛持佛宗喀巴，異身遊舞吾頂禮。」成就持明者的蓮花生大士，印度五百班智達之頂飾的阿底峽尊者，藏地與金剛持無二無別的宗喀巴大師，這三者顯現上身體不同，實際上是一個本體。

以前我看過賽倉·洛藏華丹所著的《格魯史略》，這是當時北京高級佛學院的課本。其中對此道理，也有如是記載和詳細論述。

華智仁波切還說：「五明通曉開顯薩班尊，顯密善說之源宗喀巴，一切佛法教主龍欽巴，雪域三大文殊我頂禮。」無垢光尊者、宗喀巴大師、薩迦班智達，這三

㉖二身：法身和色身，其中色身又包括報身、化身。

《蓮師金剛七句祈禱文釋·白蓮花》略講

位尊者被稱為「雪域三大文殊」，均是由文殊菩薩一人所化。試想，假如各宗各派真的完全相違，文殊菩薩也不可能如此化現。

著名的格魯派大德土官說：「阿底峽尊者、達波瓦（米拉日巴尊者的傳承弟子）、宗喀巴大師三者，均是蓮花生大士的化現。」所以，噶舉派與格魯派的究竟密意，實際上是一致的。

那麼，薩迦派的大德是否跟寧瑪派的無別呢？也是。如《蓮師略傳》云：「爾時上地名薩迦，父名文殊母度母，其二所生吾化身，子名根嘎嘉村者，彼將重修吾殿堂。」意即在上方一個叫薩迦的地方，父親名為文殊（蔣華），母親名為度母（卓瑪），他們的孩子根嘎嘉村（薩迦根嘎嘉村，《薩迦格言》的作者），是我蓮師的化身，將來會修復我的殿堂。可見，薩迦班智達也是蓮師的化身——這裡個別薩迦派的弟子很高興，一個個笑眯眯的！

此外，覺囊派的大德多羅那他，也曾在自己的密傳中透露，他是無垢光尊者的轉世。

所以，各派高僧大德的密意並不矛盾，學習哪個宗派，都沒有任何不合理之處，千萬不要站在自宗立場上，詆毀其他的宗派。現在可能稍微好一點，不像以前，格魯派的極個別人對寧瑪派不了解，造下過特別可怕的口業，直至後來真正的持教大德站出來，人們才明白各派互不相違。

第三節課

不僅藏傳佛教的內部如此，全世界佛教的三大體系——藏傳、南傳、北傳㉗，其所有教派也不矛盾，只不過因人而異，修學的途徑不同而已。假如全世界的佛教沒有分成不同的派別，完全是一個體系，也不一定就好。只有分成了不同教派，凡夫人因為有自他的分別，才會非常珍惜自宗傳承，進而對他們相續有利。打個比方說，雖然我們都對佛陀有信心，然而，是上師把法直接傳給了你，所以你對上師的感恩總會有所不同，這也是一種緣起。

總之，藏地的高僧大德、大成就者，大多數是蓮師的化現；即便不是蓮師的化現，也曾面見過蓮師，得受過灌頂、加持、教言，這種情況在薩迦、覺囊、噶舉等派的大德傳記中數不勝數，我們寧瑪派就更不用說了。

前段時間，我有個很好的夢——算了，這個「薩瑪雅」，不說了。說一個其他上師的吧：以前學院有位了不起的活佛，叫華覺嘉措，法王如意寶常在他那兒問一些事，至於得過法沒有，具體不太清楚。我剛來學院時，這位上師住在法輪區的一個小木屋裡，修證非常高。他在「文革」期間，修行也沒停止過，在那種政策下，被發現是很危險的。有一天晚上，他做了個夢，夢中在爬一座神山，這座山好像跟喇榮的山一樣，山上的小樹、包括樹枝都很清楚。到了山頂，天上突然打雷，

㉗佛教經帕米爾高原傳入中國（約公元元年前後），再由中國傳入朝鮮、日本、越南等國，史稱北傳佛教。北傳佛教又稱漢傳佛教，因其經典主要屬漢文系統。

《蓮師金剛七句祈禱文釋·白蓮花》略講

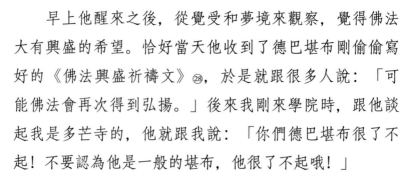

雷聲隆隆、大地震動，他當下有種開悟的感覺。他慢慢轉到山前，再看這座山時，山一剎那變成了蓮師，相貌十分威猛，全身閃閃發光，遍照藏地雪域為主的一切地方⋯⋯

早上他醒來之後，從覺受和夢境來觀察，覺得佛法大有興盛的希望。恰好當天他收到了德巴堪布剛偷偷寫好的《佛法興盛祈禱文》㉘，於是就跟很多人說：「可能佛法會再次得到弘揚。」後來我剛來學院時，跟他談起我是多芒寺的，他就跟我說：「你們德巴堪布很了不起！不要認為他是一般的堪布，他很了不起哦！」

還有一位大德，是智悲光尊者的弟子無畏盔甲。他很小的時候，聽說噶陀的傑美仁真上師在灌蓮師的頂，就想方設法地跑去，並得到密名益西仁真（智慧持明），從此對蓮師生起極大信心。他回去之後繼續放羊。有一次，他來到一座巨大的岩山面前，山上有蓮師曾修行的山洞，他便對著此神山猛厲祈禱蓮師。沒過多久，整座山變成了蓮師的莊嚴形象，手以契克印持著金剛。他情不自禁地念誦七句祈禱文和蓮師心咒，更加恭敬地祈禱。過了一會兒，蓮師像頓然消失，他當下證悟了心的本來面目。儘管他年齡很小，卻深深認識到：各教各派的一切教義，除了認識心的本性以外，別無其他。這段

㉘字數跟麥彭仁波切的《前譯教法興盛願文》差不多。後來德巴堪布應弟子的請求，又寫了一個它的講義。

經歷，他在40多歲時寫於道歌中，說自己小時候已親見過蓮師，從那時起，弘法利生事業就很順利。

其實不光是高僧大德，古往今來，普通人得受蓮師加持和教言的事蹟也不勝枚舉。所以，即使我們不出名，即使我們沒有成就相，但只要一心一意地虔誠祈禱，必定會得到蓮師的不共加持。

要知道，蓮師的化現無量無邊。未來，彌勒佛在這個世界成佛時，蓮師將幻化為卓敦㉙佛子弘揚密法。同樣，於此賢劫所有千佛的每一時代，也都各有一位蓮師降臨於世。或許有人問：「有些論典講，密法只在三尊佛的教法中才會興盛。而此處又這樣說，兩種說法是否矛盾？」實際上並不矛盾。那些論典所講的內容，是指在那三尊佛的教法中，密法會得到特別廣泛的弘揚；而賢劫其他佛的教法中，蓮師也會以不同形象弘揚密法，但是比較而言沒那麼興盛，應該從這個角度理解。總的來講，乃至輪迴未空之前，蓮師始終會以無死金剛智慧身安住，而顯現幻化遊舞，饒益有情。

所以，大家務必要清楚蓮師到底是什麼身分。有些人總以為，蓮師只是個藏地束著髮髻的瑜伽士，有時候我看到個別著名學者介紹藏傳佛教，真的不想跟他們辯論，只是笑一笑，把書本放在一邊。要知道，蓮師的行徑不是凡夫人所能想像的，在賢劫每一尊佛的教法中，

㉙義為調化眾生。

都有他的幻化身在度化眾生。

蓮師曾以金剛語說：「共稱自然蓮花我，無量光佛意幻化，聖者觀音語光芒，空行兄長勇士王，三世如來事業主，無等普賢金剛持，現化身具悲大力，隨機調化事業廣，如意滿足眾生願。」人們共稱的蓮花中自然化生的蓮師我，是無量光佛（阿彌陀佛）的意幻化，是觀世音菩薩的語幻化，是一切空行勇母的兄長，是一切空行勇士之王，是三世如來的事業主尊，是無等普賢王如來的化身，具足大慈大悲及大力，隨緣示現各種形象，滿足眾生的一切願望。

又云：「強烈敬信眾生前，較餘佛陀悲更迅，三界輪迴情未盡，蓮生大悲不窮盡。」在具強烈信心的眾生面前，蓮師的悲心及加持比其他佛還迅速。藏文《涅槃經》中也說，佛陀臨近涅槃時，除了迦葉、難陀不在以外，上千比丘僧眾都圍繞在身邊。佛陀告訴阿難、純陀、目犍連等：「吾今趣入圓滿涅槃，汝等切勿悲哀。具色無垢大海中，有勝我之丈夫生，汝等切勿作悲泣，即使住世無量歲，終亦必死皆當知！」其中「有勝我之丈夫生」，指的就是蓮花生大士。

當然，從圓滿大悲與智慧來講，蓮師跟佛陀無二無別，不可能超越；但對末法眾生而言，遇到邪魔外道時如果祈禱，那麼蓮師的加持會比佛陀更迅猛。這種說法，個別顯宗行人可能不承認，但如果你了解一些教

理，就會發現這沒什麼不能承認的。譬如，淨土宗認為在往生極樂世界方面，阿彌陀佛比其他佛的加持更大，這句話肯定說得通。既然如此，那麼在遣除魔障、違緣方面祈禱蓮師更超勝，也是同樣的道理。

末法時代，我們修行要想不遭受一點違緣就圓滿成功，這是不現實的，但若能令蓮師的猛厲加持融入於心，修行勢必會善始善終。同時，蓮師的大悲永無止境，誰要是有信心，蓮師就會降臨在他面前，賜予加持、灌頂，並授予悉地。因此，對每個人而言，隨時隨地祈禱蓮師特別重要。

下面，對七句祈禱文的偈頌進行解釋（麥彭仁波切講得很清楚，我只是字面上給大家讀一下）：

蓮師的利生事業不可思議，他是如何在南贍部洲顯示化身的呢？首先，由自生意種子「吽（ ）」字勸請，作為起始。在南贍部洲西方的

持明空行聖地的西北隅，有一具清淨無垢八功德水的大海（也有說是湖），名為達那夠夏。從甚深圓滿次第的角度來講，此處是遍具殊勝空性法界明妃的本相；在共同人們的眼前，也富有眾多圓滿功德。這裡到處是蓮花，於此中央，有一堪為花王之蓮花，其莖為表示五智的五色，上面開了五種顏色的五朵蓮花，其中紅色蓮花㉚的中間，有一「舍（ ）」字，乃三世如來身語意三密加

㉚阿彌陀佛顏色是紅色，而蓮師是阿彌陀佛的意化身，故中間是紅色。

《蓮師金剛七句祈禱文釋・白蓮花》略講

持、一切功德之總集，「舍」字帶著五種光芒，融入阿彌陀佛的心間無盡寶藏吉祥結中。當調化眾生的時間成熟之際，十方浩瀚無邊的如來及佛子手撒鮮花，無餘剎土的勇士、空行、護法伴著金剛歌舞，為使三地的眾生心生歡喜、予以安慰，阿彌陀佛心間的「舍」字降臨到花蕊中，形成了三界無與倫比的大阿闍黎持明王——蓮花生大士的身體。

蓮師以數多殊勝功德而超勝一切。他具足佛陀的身、語、意、功德、事業，以大福德之身調化、以隨教之語調化、以覺性之意調化、以不可思議神變引導眾生解脫的情形即是如此：自生無漏身顯示相好妙相；授權成為國王恩札布德的太子；捨棄王位；於八大尸林中護持禁行；修行如海內外乘，以不可思議的傳記、不乏其數的莊嚴，在不同地點示現八大幻化身，以金剛降伏大力妖魔鬼怪，懾服現有鬼神，將許許多多人安置於大密成熟、解脫之道。（類似於釋迦牟尼佛的十二相事蹟。）

關於蓮師諸如此類的奇妙事蹟，我們要依靠大德們所寫的蓮師傳記、伏藏品的聖教量來生起誠信。所以，大家要多看一下這方面內容，以對蓮師的事業有重新認識。這樣的大主尊，並不單單是共同的成就者，而是本來即現前菩提的主尊，是自在具足擁有或現證殊勝雙運成就大金剛持本性的怙主，在浩瀚無垠的一切剎土中，他被共稱為「蓮花生」。可見，從了義角度而言，蓮師

並不只是一個人這麼簡單，我們要對他及其眷屬是三皈總集之本體、無欺究竟皈依處，有著誠摯的信心。

如果你想對密法生信，就一定先要對蓮師有信心。若能對蓮師有深刻認識並生起信心，那麼對大圓滿的諸傳承上師，如嘎繞多吉、西日桑哈、布瑪莫扎、加納思扎等，就會以蓮師的不同幻化來理解；在法方面，對大圓滿、大幻化網及伏藏品的教義，也都會生起信解。反之，假如你對蓮師沒有正面認識，則恐怕沒辦法接受密宗。一旦你不能接受密宗，那麼修顯宗也成問題。因為佛法雖分為顯宗和密宗，但它是個完整的整體，倘若你只接受一部分而捨棄另一部分，這是不是完整的佛法呢？絕對不是。在此基礎上，能不能往生或得到解脫呢？相當困難。

以上簡明扼要介紹了蓮師的一生，主要是讓我們認清祈禱的對境，了知蓮師究竟是怎樣一位聖尊。不過這次因時間關係，我沒有看很多傳記，倘若抽出時間去翻閱，在很多大德的傳記裡，肯定有不少精彩的公案。記得智悲光尊者的傳記中講過，蓮師當時是怎麼攝受他的；無垢光尊者的傳記中，也有許多這方面的情節，而且尊者在造論典時，常於最後小字中說「鄔金班瑪桑巴瓦所攝受的瑜伽士龍欽繞降著」。可見，很多密宗大德，都是蓮花生大士攝持的。

作為顯宗行人，其實也沒必要有太多分別，否則對

自己解脫有障礙。既然你承認阿彌陀佛，那為什麼不承認阿彌陀佛的化身？所以，大家要對一切教派都有誠摯信心，一心祈禱最有緣的觀世音菩薩、蓮花生大士、文殊菩薩等，哪一位聖尊都可以，這樣以後，你的相續肯定會改變。

　　我始終認為，得到諸佛菩薩的加持很重要。一個人得到加持後，既可以改變自己，也可以改變他人。否則，光是精通理論、做點表面行為，對自他都沒有多大利益。就像現在世間上很多智者，花言巧語、特別會說，但相續中完全是凡夫的境界，一點都沒有增上，這樣的話，就算嘴皮子磨得再厲害，一旦他離開這個世間，仍舊一無所得，只有帶著滿心的煩惱，漂泊於中陰界中。

　　所以，大家擁有難得的人身時，在短暫的人生中，一定要努力修行，猛厲祈禱聖尊加持，以改變自己的相續。比如，你剛來學院時並不認識佛教，也不了解本尊、上師，但花了一定功夫修持之後，就算不能像有些上師所說「坐下去是凡夫，站起來是成就者」，至少也應該「進入學院或菩提學會是凡夫，離開時是修行人」。若能做到這一點，我們這麼多人辛辛苦苦給大家提供方便也就沒有白費了。

　　總而言之，希望你們每個人不要欺騙別人，也不要欺騙自己。只要真正去修行了，定會得到不共的加持和感應！

第四節課

對於七句祈禱文，麥彭仁波切從字面上作了簡單介紹。昨天講了前四句，今天開始講後面幾句：

在至高無上的蓮師周圍，由勇士、空行等不可勝數的眷屬層層圍繞——就像我們所修的皈依境，上方是傳承上師，後面是法寶，左右兩邊是菩薩與阿羅漢，四周則由各大護法、勇士勇母等眷屬圍繞。他們如同芝麻莢分開般安住著，三根本、護法神無不齊全。這是講第五句「空行眷屬眾圍繞」。

倘若你能觀修得更廣，則可觀想遍虛空際的諸佛菩薩。這些浩瀚無邊的聖尊，全部都是蓮師的幻化。以《大幻化網》或大圓滿的教義來解釋，從本體上講，蓮師周圍無邊的空行、勇士、護法，實際上皆為蓮師的化現，就像陽光與太陽的關係一樣，眷屬與主尊無離無合、無二無別，這些均是所祈禱的對境。

經常有人問：「如果我觀蓮花生大士，其他佛是否不高興？我常拜的觀世音菩薩會不會不歡喜？」其實不會這樣。前段時間也講過，三世諸佛在法界中本為一體，你觀想一尊佛的時候，應觀想其他佛也一併融入；修持一位上師時，應觀想其他上師、諸佛菩薩與他的本體無二無別，這一點很重要！

否則，像去年我講上師瑜伽時，有些人一直很矛

《蓮師金剛七句祈禱文釋‧白蓮花》略講

盾：「哎，我有七八位上師，每位都對我恩德很大，如果只觀修一位，其他上師可能不高興，我也對不起他們。我考慮了好長時間，晚上睡都睡不著，但仍無計可施，怎麼辦呢？您有沒有一個辦法，可以不分主次地，好像在我頭上放塊木板一樣，讓所有上師都坐在上面，由我來撐著，然後進行觀想？」我說：「這個沒有必要，諸佛菩薩也從未講過『上師們坐在木板上』的上師瑜伽。雖然你對所有上師都有信心，這樣很好，但在修行的時候，觀想一位上師是一切上師的本體即可。」

同樣，觀修蓮師也不例外，應當觀想他與其他聖尊無二無別。以前竹欽仁波切在修法中也說過：觀修蓮師時，若能觀一切佛、一切上師與蓮師無別，必能獲得真實的加持。

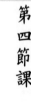

現在有些剛學佛的人，心裡矛盾特別多，他們好像對所有佛、所有上師都想修，覺得這個也殊勝、那個也慈悲，每一個都想搞好關係，不願意得罪，但在實際修持時，又始終認為聖尊們是別別他體，就像因明中所說「這是火的本體，那是水的本體，這是風的本體，那是石頭的本體」，統統都要分開，不可能合為一體。這種想法大錯特錯，完全屬於凡夫的實執分別。因此，你們修行時一定要知道：上師的智慧、佛陀的心、現空無別的光明皆為一體，沒有任何差別，只不過在名言中現為文殊菩薩、蓮花生大士等不同形象而已。

退一步說，假如你實在想修不同的本尊，可以白天修觀世音菩薩，晚上修蓮花生大士。蓮師在前往羅刹國時，曾給有緣弟子留下教言：「你們應白天修觀世音菩薩，念觀音心咒；晚上修持蓮師我的相應法，念我的心咒。」所以，白天修一個、晚上修一個，這並不矛盾。同理可知，晚上幾座中有不同的修行，也是可以的。

但總的來講，觀修時要想到，所有聖尊均為一體，諸佛與眷屬亦無差別。以後我們若能講成《大幻化網》，裡面就有一段是：主尊與眷屬是否為自現？二者是否無二無別？如果二者的確無別，眷屬皆為主尊的幻化，那麼在祈禱皈依境時，顯現上中間是釋迦牟尼佛，周圍是八大菩薩，佛和菩薩的境界似乎不同，但實際上主尊與眷屬心意無別，專門有這方面的修法和理論。現在許多人缺乏深一點的理論基礎，始終認為聖尊們是他體的，這種想法不合理。因此這裡也講了，主尊與眷屬的究竟本體無別，這就是我們所祈禱的對境。

那麼，以什麼方式來祈禱呢？以誠摯的信心虔誠祈禱。要知道，蓮師及其所有眷屬，與如意寶無有任何差別。對於這些怙主，我們要以相應的清淨信、欲樂信、誠摯信，從身體和語言上表達內心的虔誠，即口裡以悅耳動聽的聲音念誦祈禱，身體非常恭敬地合掌頂禮等。也就是說，要認識到這些皈依境的功德真實不虛，遂將世間一切法棄如糠秕，自他眾生以全心託付的意樂隨行蓮師，不離

《蓮師金剛七句祈禱文釋・白蓮花》略講

此而修行。這是講第六句「我隨汝尊而修持」。

世間上有各種教派，如天主教、基督教，他們有些皈依上帝，有些皈依梵天、大自在天等，但這些都不能賜予解脫的安樂，故不是究竟皈依處。依止他們，或許能帶來暫時的健康和財富，但也僅此而已，要想徹底斷除生死輪迴的極大痛苦，唯有蓮花生大士才能做到。所以，我們應將一切託付予他，永遠追隨他而修行，之後便開始祈禱。

祈禱時一定要有特別懇切之心。如果你能觀想蓮花生大士，就應該觀想；實在不能觀想的，就在前面放一張蓮師的唐卡、照片或塑像作為所依，然後恭敬、虔誠地祈禱。祈禱時應該這樣想：「無欺的怙主您，具有無量大慈大悲，請不要拋棄我等漂泊在三界輪迴中的可憐眾生。祈禱您以身語意不可思議之密，如同點金劑接觸鐵時將其變成金子一樣，迅速轉變我們貪嗔癡等五毒遍滿的平庸相續，將我們煩惱具足的凡夫之心，完全變成光明智慧。」

最後祈禱降臨：「儘管蓮師您顯現上安住於羅剎洲，但我們這些南贍部洲的有緣眾生，如獨子呼喚母親般誠懇祈禱您時，希望您念及往昔的願力，以不可思議的大悲妙力降臨此處，就像月光直接投射於澄清水池中一樣，將您相續中的一切功德全部融入我們的心！」這是講第七句「為賜加持祈降臨」。

當然，聽了這些法以後，在座的道友可能感覺不同：有些或許業力比較深重，對善法怎麼也生不起信心，一直得不到驗相；有些則因前世的善根不錯，即生的因緣也相當好，不管修什麼法都很容易，就像有些高僧大德，無論在哪裡修，寂靜地也好、紅塵中也罷，修任何法很快就有覺受，相續中也能生起信心；還有些人把蓮花生大士、釋迦牟尼佛只當成一般人，聽到他們的事蹟沒什麼興趣，而一提起世間的鬼神、龍王，馬上興致勃勃、信心倍增。這都跟自己前世的因緣、即生的福報有關。

個別道友常給我講，他在修上師瑜伽時，很難把上師視為無過失的聖尊，這一點始終觀不起來。實際上這是修行的障礙。按照傳承上師的觀點，假如對上師的清淨心不夠，就要多念金剛薩埵心咒，以懺悔業障，這很重要！其實有些上師不一定真有過失，但因為自己的心不清淨，始終對上師生不起信心，就會給修行帶來莫大的阻礙。

你們平時再怎麼不會修，觀修上師瑜伽應該誰都會。藏地有種說法：「即使不會修其他法，每天只是坐著修上師瑜伽，就已經算是中等修行人了。」比如觀想「人身難得」、「壽命無常」，有些人可能力不從心，但每天念蓮師心咒、上師祈禱文，應該不會太困難。當然，在念誦的時候，有些人觀得清楚，有些人觀得不清楚，但即便你觀不清楚，對特別有加持的對境進行祈

《蓮師金剛七句祈禱文釋·白蓮花》略講

禱，也肯定有意義、有功德。

現在有些人修什麼法都沒有信心，而有些人與此恰恰相反，前兩天我遇到一位老人，幾年前他在我寺院某位老堪布那裡，發願念一億遍觀音心咒，前段時間他已念完了，到寺院請老堪布為他迴向。在我們藏地，念一億遍觀音心咒的人特別多，而漢地城市裡的修行人，能圓滿一億遍心咒的，到目前為止寥寥無幾，這也是個人的勇氣、精進有差別。其實你如果實在沒有聞思修行的能力，念咒語也特別有意義。倘若即生中能念蓮師心咒一千萬遍，甚至一億，那生生世世不會被各種魔障所撓；如果能念一億遍觀音心咒，功德也同樣不可思議。

我以後方便時，準備講一些咒語的功德。現在有些人既不念咒，也不觀想，每天就是說些廢話，對人生真是一大虛耗。這麼珍貴的人身，如果什麼咒語都不念、什麼法都不修，每天只是像老豬一樣，早上起來就呼嚕呼嚕吃，晚上又睡得特別久，別人都已經上班了，自己還在一直「入定」，這怎麼行？！

作為一個修行人，最起碼也要常修上師瑜伽。藏地有位大德講過七句祈禱文，他說如果沒有時間和因緣，那麼先念3遍七句祈禱文，再念1000遍蓮師心咒，也算是修了一座上師瑜伽。這種蓮師修法比較簡單，很多上師的儀軌中都有。當然，倘若你想廣修，在八大法行的大修裡，蓮師有時現寂靜相、有時現忿怒相，這些修法特別多。

現在有些人不明真相，認為蓮師只是個普通的在家人，以前我看過一本書，其中說：「蓮花生大士是藏密始祖，他是有妻子的在家人，因為受他的影響，藏地所有寺院的住持也都有老婆。」說這個話的人，對佛教雖然有貢獻，佛法造詣也很不錯，但從因明推理來講，卻有「不定」、「不遍」之過。來過藏地的人都清楚，這裡的清淨僧團特別多，單單是我們甘孜州18個縣的出家人，據政府統計就有5萬多，既然如此，那整個藏地持戒清淨的出家人有多少？可想而知。所以，不了解實際情況的人，隨便斷言藏傳佛教如何如何，讓很多人信以為真，這是不合理的。

要知道，蓮師並不是普通人，是他降伏野蠻的地神、非人之後，才有了如今藏地的佛法興盛。這種事業，一個普通人根本做不到。再者，蓮師的伏藏品不計其數，僅僅是已開取的，就遠遠超過漢地的《大正藏》、《龍藏》。不信你們可以算算：每一位伏藏大師有多少函伏藏品？每一函又有多少修法？如果你了解這些，一定會感慨：「原來我們對蓮花生大士的評價，完全是種孤陋寡聞！」所以，一個人若不明白事實真相，因道聽途說而妄下結論，結果自己也會後悔的。

其實，藏傳佛教對小乘戒律相當重視。你們可以去了解一下，藏地的所有寺院最初都學什麼戒律？對裡面的內容，又是怎樣修學的？雖然極個別密宗修法中，也

《蓮師金剛七句祈禱文釋‧白蓮花》略講

有接受空行母的現象，但在寺院這樣嚴格的道場中，一般不會有。而且，即便是那些超勝行為，也有另一種解釋方法，不能以一般人所看到的表象而論。

因此，大家務必要了解密法的真面目，同時應經常祈禱蓮花生大士。只要虔誠祈禱了，依靠蓮師不可思議的威力與加持，定會給我們末法眾生的黑暗心房，帶來智慧的光芒。

下面講七句祈禱文的最後一句：

念完祈求加持的詞句後，還要誦咒語「革日班瑪斯德吽」。其中「革日」在梵語中義為極重，指以一切功德而重的上師，他是最為嚴厲的對境，有至高無上之意；「班瑪」是蓮花，因蓮師在蓮花中誕生，故取名為蓮花生，「蓮花」是蓮師最開頭的名稱；「斯德」是所求的殊勝成就（佛果）與八種共同成就；「吽」是祈願賜予這樣的悉地（成就）。

第四節課

簡單來講，「革日」是上師，「班瑪」是蓮花生大士，「斯德」是悉地，「吽」是賜予。連在一起就是：誠心祈禱上師蓮花生大士您，賜予我們殊勝和共同的悉地。蓮師心咒的涵義即是如此，這是以意義來祈禱。總之，我們要依靠這一祈禱文，虔誠祈禱諸佛總集的蓮花生大士。

回顧以上所講的內容，在這個祈禱文中：

第一句「鄔金剎土西北隅」，說明了蓮師的誕生地。

第二句「蓮花蕊莖之座上」，指明如何降生的情形。即蓮師並非胎生、卵生、濕生，而是像極樂世界的菩薩一樣，以化生的方式降生於蓮花蕊中。

第三句「希有殊勝成就者」，宣講了蓮師的殊勝功德，比如剛開始怎樣降生，來人間怎樣持王位，如何捨棄王位到尸陀林修行，在印度、藏地怎樣利益眾生……有些考古學家說，蓮花生大士在「地球上」住了1600多年，也可以這麼說吧。總之，蓮師在佛陀涅槃八年後（也有說十幾年），降生於蓮花蕊上，後來以種種因緣，先在印度示現不同形象利益眾生，之後來到藏地，最後前往羅刹國。

這些殊勝成就，凡夫人根本無法企及。現在人活一百多歲，就會覺得了不起，但蓮師獲得了怎樣的長壽持明，他們可能聞所未聞。正因為不了解，所以好的分別念很少、不好的分別念特別多，對於這種人，我覺得聞思很重要。以前我有個熟人，最初他對密法的邪見很多，但看過一些伏藏品、殊勝儀軌之後，邪見徹底消失了。所以，剛開始有疑惑的人，慢慢去了解事情的真相，也就生起正見了。

第四句「世稱名號蓮花生」，說明了蓮師的真實名稱。

第五句「空行眷屬眾圍繞」，說明蓮師及其一切眷屬是我們所祈禱的對境。

第六句「我隨汝尊而修持」，說明該如何修持，即不是跟著外道修，也不是跟著無神論修，而是跟著蓮師修

持。當然，所謂的「跟著」，並不是上師走到哪兒，你就緊緊跟在身後：「上師您千萬不要捨棄我啊，我一定要抓著您的『尾巴』。」好像上師拖著特別長的尾巴一樣，不是這樣的。而是依教奉行，遵循上師的教言來修。

第七句「為賜加持祈降臨」及咒語「革日班瑪斯德吽」，說明發現蓮師的功德之後，以追隨蓮師的不退轉信心，渴望究竟成就與他無別的果位。帶著由這種心態引發的身語表情而祈禱，通過如此祈禱，加持自相續，攝集悉地。

若能懷著恭敬的意樂祈禱蓮師，他決定會立即以大悲加持，關鍵是看我們能不能生起這樣的信心。當然，這也取決於福報。雖然我在課堂上講了蓮師的修法，但每個人福報和信心不同，所得的收穫也各不相同。這不像分錢，人人可以平均得到，而聞法、修行的話，要根據自己的信心和精進，才能獲得屬於自己的那一份。

我以前講過，法王在江瑪佛學院依止托嘎如意寶只有六年，卻得到了上師相續中的一切功德，而有些人待的時間特別長，境界卻與之有天壤之別。如來芽尊者也是同樣，傳記中說，他在智悲光尊者座下的時間並不長，但每次去拜見時，他都把上師看作真佛，那種恭敬心實在難以形容，因此到了最後，上師的所有功德及意傳加持，以滿瓶傾瀉的方式融入了他相續。所以，依止上師聞法，最重要的在於自己。就像世間學習一樣，在

同一個老師面前聽課，有些學生特別聰明，結果卻名落孫山，而有些學生平時成績並不優秀，卻考上了名牌大學。故而，學習或修行的結果怎麼樣，跟自己的信心與福報有很大關係。

總之，念誦蓮師心咒或祈禱文時，希望大家盡量有一份誠摯心，若能如此，自己就不會像世間人那樣，貪嗔癡、嫉妒、傲慢等煩惱特別熾盛。一旦諸佛菩薩的加持逐漸融入於心，你的力量就會有所變化，修任何法都不會很難。反之，若沒得到上師三寶的加持，全憑凡夫人的分別念，勢必會有很大困難。因此，以恭敬心來修持很重要。

關於對此堅信不移而祈禱的方式，革日秋戒旺修的伏藏品《寧提七句祈禱文》中云：

頂禮修行之本尊，後代具緣善男子，
若尋鄔金我救護，自住寂靜之聖地，
生起無常厭離心，厭棄輪迴尤重要。

蓮師頂禮修行的本尊之後，說：「後世具有緣分的善男子，如果你們尋求蓮師我的救護，就要先住於寂靜的聖地或屋室，對名利地位等世間八法生起強烈厭離心。在這種厭離心的驅使下，修行一定會成功。」

假如你沒有捨棄輪迴，修蓮師是為了做生意能賺錢，賺錢以後天天睡在五星級賓館裡享受生活。一邊懷著猛厲

的希求心，一邊念七句祈禱文，這樣修是不會成功的。就好比要種莊稼，首先應開墾耕耘荒地，否則，播下了種子也不會有收穫。我們的心也是同樣，倘若沒有以出離心來攝持，就會與佛法完全不相應，如此再怎麼修也沒有用。因此，修行要始於出離心，這一點很重要。有些人雖然身在紅塵中，但覺得這種生活毫無意義，只是被業力所牽而已，有了這樣的心態，修行就會有希望。

當然，現在的社會強調「發展」，個人要發展，集體要發展，如果一說要生出離心，對一切都沒什麼興趣，或許有人認為這是消極心理，不太讚歎。然而真正的出世間修行，往往與世間理念有所衝突。《大圓滿前行》也說了㉛，這完全是兩個方向，一個是希求來世；一個是希求今生——只要今生快樂，來世怎樣都無所謂。因此，我們作為修行人，先要觀察自己的心態，要在出離心的基礎上修行。

具體怎麼修呢？

一心一意依附我，復思其餘皈依處，

鄔金我中悉圓滿，苦樂指望您盡知，

不斷供讚斷積財，以身語意三恭敬，

依此七句而祈禱，屢屢祈禱而念誦：

要一心一意依止蓮師，了知三根本、護法、諸佛菩

㉛如云：「凡是想世間、出世間法一舉兩得的人，就好像認為有兩個尖端的針可以縫紉，或者水火可以放在同一器內，以及可同時乘騎向上向下行馳的兩匹馬一樣，顯而易見，這種情況是根本不可能實現的。」

薩等所有皈依處，在蓮師的壇城或修法中皆得以圓滿。自己即生中的苦樂，全部由蓮師來決定、來了知。同時不斷供養讚歎，斷除積累世財的希求，身語意三門恭敬，以七句祈禱文來屢屢祈禱。

我們祈禱上師三寶，並不是為了只得快樂，其實「樂」是上師加持，「苦」也是上師加持，這是很重要的修心法。然而，很多人意識不到這一點，總以為「樂」才是加持，「苦」肯定不是，於是一遇到痛苦就抱怨連連：「我天天念佛，佛陀您怎麼不管我？為什麼不給我加持，還讓我這麼痛苦？」這種說法很可笑，你們學了大乘修心法就會知道。

在祈禱時，要不斷念誦金剛七句：

吽！

鄔金剎土西北隅，蓮花蕊莖之座上，

希有殊勝成就者，世稱名號蓮花生，

空行眷屬眾圍繞，我隨汝尊而修持，

為賜加持祈降臨，革日班瑪斯德吽。

應該達到什麼程度呢？

強烈深情淚湧流，由信引生身顫動，

頓然安住清然中，澄然本然不散觀，

如是祈禱之弟子，我予救護何須言？

以強烈的信心念誦時，到了一定時候，就會因感念蓮師的恩德，而情不自禁淚水橫流、身體顫抖。此時你

要在信心中自然安住，住於清然、澄然、本然的境界中，不散亂而觀修。也就是說，當你因祈禱而生起特別猛烈的信心時，要自然安住，觀自己心的本性（我已經講到密法上去了）。如是虔誠祈禱的弟子，蓮師決定會賜予救護、加持。

> 成為三世如來子，獲大灌頂自證心，
>
> 等持力堅智慧增，以大自然之加持，
>
> 自熟護他除痛苦，令自心變之同時，
>
> 他心亦變事業成。

你已成為三世如來之子，獲得了大灌頂（這並不是上師親自拿寶瓶給你灌頂，而是當你對蓮師生起極大信心時，蓮師以道灌頂來為你加持，身體上也能得到一些感應），證悟了自心的本性，禪定力越來越堅固，智慧也越來越增上。依靠蓮師大自然力的光明加持，你的相續會得以成熟，此時，護持他人、解除其痛苦，也沒有任何困難。

可見，信心真的很重要。如果你對佛陀、上師有特別虔誠的信心，則很容易調伏自己的煩惱，同時能幫助一些可憐人。若有病人、痛苦的人讓你加持，只要你對蓮師或諸佛菩薩有信心，就可以祈禱：「佛菩薩啊，請您加持他的相續！」這樣的話，那些人自然會得到利益。

當自己的心有所轉變時，就可以轉變他人的心，這是一個規律。如果我對蓮師有不共信心，在我心得到轉變的同時，所傳的法也會讓你們得利益。譬如講一個佛

教故事，我若只是把它硬記下來，自心沒有被打動，那你在聽受時，也不會有太大感觸，可能是這耳朵進、那耳朵出，心中猶如水過無痕；而如果我對諸佛菩薩的感人故事生起極大信心，並以歡喜心講給你聽，那在我得利益的同時，對你的相續也會有幫助。

所以，我常跟法師們講：講法時先要打動自己，自己有了感受後再傳給別人，對他們的利益會完全不同。也就是說，用「心」講還是用「口」講，二者的效果迥然有異。有些上師的語言表達雖然不太好，但他直接用內心的境界跟弟眾溝通，這樣以後，他所講的道理永遠對別人內心有幫助。

因此，大家務必要牢記「令自轉變之同時，他心亦變事業成」。比如，你想祈禱蓮師救助那些發生海嘯、地震的人，祈願遣除他們的痛苦。那這個前提是，你自己在祈禱中身心必須有所改變，若能如此，你的祈禱才會對別人有利。當然，這做起來不那麼容易，但這一點相當重要。

有些人說：「世間一切都是假的，佛教所做的那些祈禱，只不過是個形式。」實際上不能這麼講。這種加持，確實會讓人們感受得到，因為自己有了收穫後，再去幫助別人，絕對於他有利。相反，假如你什麼收穫都沒有，那再怎麼樣努力，恐怕也沒有意義。所以，我們平時給人講些佛法的道理，也最好是選擇自己最受益的

《蓮師金剛七句祈禱文釋·白蓮花》略講

法門，這樣對別人一定有幫助。

一切功德自圓滿，廣大本性之法身，

成熟解脫大方便，祈願值遇諸心子。

總而言之，蓮師一切功德本自圓滿，是廣大本性之法身，具有成熟及解脫眾生的大方便。對於這個法門，蓮師在當時發願：「願它將來能值遇我的諸位心子。」

尤其此七句祈禱文極為甚深，故蓮師作了最密意伏藏，並授記道：「願具智慧大悲心，秋戒旺修值遇彼。」也就是說，具有大悲與智慧的秋戒旺修，將會把它開取出來。後來，伏藏大師秋戒旺修果然開取了這一伏藏，並在人間加以弘揚。

文殊菩薩

第五節課

　　下面繼續解釋七句祈禱文。前面也說過，此祈禱文有外、內、密的多層甚深涵義，這次介紹的主要是外義，即跟顯宗基本共同的道理。

　　不過，今天要講的內容，涉及到密法的「依修四支」。這在《大幻化網》、其他密法的生圓次第中都講過，是學習生起次第和圓滿次第不可缺少的修法。具體來說，它有很多解釋方法，但我們此處，則是依照麥彭仁波切的講法。

　　在座的道友，有些可能沒有受過灌頂，不知道你對密宗有沒有大的信心？如果沒有，這一節課不聽也可以，因為下面的修法比較深；如果你對密宗有虔誠的信心，那我依照跟顯宗修法稍微相近的方式，從字面上作個簡單介紹，過失應該不會很大。否則，這一段不講的話，好像也有點不方便。

　　下面結合「依修四支」解釋七句祈禱文：

　　（一）依：

　　於自己前方的虛空，明觀鄔金境內達那夠夏海的蓮花上端坐著蓮師，勇士空行眷屬如芝麻莢分開般圍繞（就像我們平時所見的皈依境或蓮師唐卡一樣）。對此明顯、穩固地觀想，這是「依」。

　　（二）近依：

《蓮師金剛七句祈禱文釋・白蓮花》略講

然後，對蓮師恭敬祈禱，渴求自己的身語意三門與蓮師的三門無二無別（即三門成就三金剛），此為「近依」。修本尊的主要目的，其實就是令自己不清淨的三門，與本尊或上師的本體無別。

「依」是所觀的本體，相當於一個人要跟另一個人談生意，首先應找到對方；之後再與他溝通，就叫「近依」。這是密宗生起次第所攝的兩種修法，主要是把本尊或上師觀想起來。

（三）修：

一邊祈禱一邊念蓮師心咒。最後收座時，十方諸佛菩薩猶如吸鐵石吸鐵般，全部融入於中間的蓮師及其眷屬，蓮師及其眷屬又化光融入自己，這是「修」。（麥彭仁波切的《開顯解脫道》中也有類似修法。）

此為密宗的不共修法。在顯宗的觀修中，一般而言，多為觀想佛陀發光、佛塔發光，如《觀無量壽經》云：「無量壽佛，有八萬四千相；一一相中，各有八萬四千隨形好；一一好中，復有八萬四千光明；一一光明，遍照十方世界，念佛眾生，攝取不捨。」經中只說從佛的色身中發出無量光芒，遍照有緣眾生，卻沒有像密宗一樣，提到諸佛菩薩再化光融入自己。因此，修密宗之所以要先受灌頂、修加行，就是因為它的次第比較深，尤其是清淨觀、生圓次第、大圓滿，一般人都難以接受。

漢地的唐密修法，其實類似於藏密的事部和行部，即在自己前方觀想佛陀，佛陀放光入於自身，以此而獲得加持㉜。但藏密的瑜伽部以上，不僅觀想皈依境放光，而且還要融入自己，與己合一，此種修法的層次就很高，這是從修行上講的。而理論上，為什麼要這樣修？這樣修又有什麼利益？在無垢光尊者、榮索班智達、麥彭仁波切的密法理論、竅訣中，講得特別詳細。

　　對於密宗的很多道理，你們應該逐步了解，了解之後還要通達，這一點很重要。我們經過這麼多年的學習，已經明白了佛教的殊勝性，從四諦法門以上的一切教義，其他宗教均無法與之相比；而在此基礎上，還要漸漸了知佛法分為很多層次，其中密宗的竅訣更為超勝。

　　以前我跟一些學者、顯宗和尚交談時，他們不太承認密宗。不承認的原因無非有幾種：有些是不懂，有些是沒有信心，有些是固執自己的宗派……到目前為止，真正有充分理由而不承認的，我還沒有碰到過。其實密宗的見解，如「眾生是佛」、「眾生皆具如來藏德性」、「煩惱即菩提」，在顯宗中也講到過。然而它的具體原因，如煩惱為什麼是菩提？心淨為什麼會國土淨？凡夫所見的山河大地污穢不堪，怎麼會跟阿彌陀佛

㉜《菩提場所說一字頂輪王經》（唐不空譯）云：「以香華而供養，誦七俱胝遍。則末後塔放光，放光已，其光入行者身隱沒。」

《蓮師金剛七句祈禱文釋·白蓮花》略講

的極樂世界無二無別？這些道理在顯宗經論中，只是以略說的方式提及了，沒有像密宗一樣更細緻地說明。

在密宗修法中，蓮花生大士、阿彌陀佛、釋迦牟尼佛，實際上就是自己的心。但你若沒有達到一定境界，這個竅訣還不能講，否則，你可能接受不了，進而容易捨棄。因此，密宗之所以要保密，是因為很多人緣分沒成熟之前，對甚深的見解、修法、行為難以接受。

（四）大修：

下面以「革日班瑪斯德吽」來解釋大修：

剛才「修」中講了，最後皈依境全部融入自己，自己與諸佛菩薩無二無別。這並非只是一種說法，誠如《定解寶燈論》所言，不是把本不清淨的硬觀成清淨，而是本來就是清淨的，只不過眾生不了知而已。通過如此觀修，最終認識了義的蓮花生大士。（其實這些內容很深，此祈禱文的後面部分，都是以解脫道、方便道作解釋的。我之所以暫時不講，也是害怕很多道友不一定能接受。）

那麼，為什麼聖尊與自己能融入一體呢？因為自己和蓮師等諸佛菩薩的自然本智本來無別，都不為分別念所擾，這叫做「革日」。「革日」是上師之意，也就是說，每個眾生本來即是上師，與上師的智慧無二無別。

因為自己與上師的本體無二無別，故早已從道的勤作中解脫，內在的貪嗔癡、外在的山河大地等迷亂顯現本來清淨，全部是果任運自成，猶如蓮花般本無垢染、

圓滿具足一切功德，所以叫「班瑪」。

「斯德」是悉地，即成就之意。這種成就，顯現上是通過修行所得的果，但實相上，一切眾生在任運自成的法界中，本來就現前了自證果位，本自具足圓滿的智慧和功德，並不是通過後天修行而得。

為什麼說「煩惱即菩提」？為什麼說「眾生就是佛」？不依靠密宗竅訣，的確很難通達。雖然顯宗在解釋第三轉法輪時，也常講：「眾生只不過被貪嗔癡的迷亂所障蔽，實際上是佛。」但這種「本來不是佛，後來變成佛」，跟密宗所講的「實際上是佛」有很大差別，唯有後者，才是最了義、最符合實際的觀點。因此，若想真正懂得釋迦牟尼佛的究竟密意，確實離不開密宗的竅訣、理論、修法。

唯一的自然本智，從反體上雖可分為基、道、果三種，即基位的眾生、道位的菩薩、果位的佛陀，或者說基二諦、道二資、果二身，但這只是語言文字或分別念安立的，就像一個瓶子從不同側面分為無常、所作、有為法一樣。實際上從本體上講，這三者無有不同，都是以各別自證現量證悟的。就好比虛空，人們用分別念把它分成三層，但從虛空本體上講，這三層是無別的。通達這樣的道理，就叫做「吽」。

總之，為什麼自己與聖尊無二無別，以上用咒語「革日班瑪斯德吽」進行了解釋，此為「大修」。（這些

甚深理論，我只是稍微給大家講一下，基本上都是字面意思。不過也許說得太多了，真的有些過失，嗡班扎兒薩埵吽！）「修」和「大修」屬於圓滿次第。學了依修四支以後，我們應不離生起次第、圓滿次第圓融的實修來祈禱。

這樣祈禱很重要。許多道友對密宗有很大信心，也有一些覺受和感應。若能以比較高的層次來修，即不離生起次第和圓滿次第的方式來祈禱，效果會更好，加持和成就也更迅速。

在這一祈禱文中，前五句，是講明觀所緣境——蓮師及其眷屬，故為「依」；第六句，是講於對境蓮師生起誠信，跟隨他而修行，故為「近依」；第七句，是講祈禱蓮師降臨，加持自己與蓮師無二無別，故為「修」；最後一句，依靠咒語「革日班瑪斯德吽」，使自心與本尊無別，面見大法身的本來面目，此為「大修」。由此可見，七句祈禱文具足依修四支。

這次我雖然沒講更深的密法部分，只是把前面的內容作了簡單介紹，但你們通過學習七句祈禱文的歷史、功德，就會知道它確實殊勝無比，不容易得到。也許不懂金剛語價值的人會想：「七句祈禱文有什麼了不起？我還可以作八句祈禱文呢！」但是這樣的祈禱文，你分別念是造不出來的。

而且，從時間角度來講，此祈禱文也具足依修四支。比如，以感恩戴德的敬信，一心一意、一心不散連

第五節課

續祈禱，這叫做「依」；雖然肉眼看不到，但感覺正在接近蓮師的加持，此為「近依」；通過努力祈禱，真實面見蓮師，或於恍恍惚惚、半夢半醒的覺受中見到蓮師，或在夢中夢到蓮師，則為「修」；加持自己三門證悟自心與上師無二無別的本義，為「大修」。

其實，我們不管持哪一位本尊的咒語，經常念誦很重要，若能如此，加持自然會入於心。比如最近念蓮師心咒，許多人都能感受到蓮師的加持，由於內心得到了感應，外在的順緣就容易出現，修法中的違緣也會逐漸消失，這即是《竅訣寶藏論》所說的「依此內在緣起而外現」。所以，只要經常祈禱蓮師等聖尊，定會時時得到加持。反之，倘若對聖尊不理不睬，持無所謂的態度，縱然佛菩薩的威力不可思議，但因為我們法器有垢染，月光般的加持也不可能入於這種水器中。因此，得加持要依靠祈禱諸佛菩薩這一緣起。

只有誠心祈禱了，自己才能與聖尊相應。現在這樣的修行人非常多，2007年台灣「蓮花生大士佛學會」的一位仁波切，講述了不丹現代蓮師心咒成就者——竹透的事蹟。這位成就者原來只是個平庸的農夫，一個字也不認識，由於最初信仰苯波教，對蓮師的偉大功德不了解，故曾惡言毀謗過蓮師。他中年時被仇家詛咒，以致雙目失明。為了恢復視力，他到處求診，但都無濟於事。後來，他聽從某位善知識的勸誡，開始念修蓮師心

咒，並將其作為唯一的修持。

他專修蓮師心咒以後，對蓮師的信心不斷增長。因為雙眼失明的緣故，白天與黑夜對他而言沒有差別，故他不分晝夜地精進修持。

當蓮師心咒誦滿1億遍時，他平時使用的轉經輪中，流出不可思議的甘露水！眾所皆知，轉經輪是用乾燥的紙卷成，不可能憑空流出水來，但他的轉經輪卻出現這樣的奇蹟，完全是他的精進與蓮師的加持所感。然而他對此並不執著，依然不懈地持誦蓮師心咒。

當蓮師心咒誦滿3億遍時，在如同夢幻般的境界中，他親自見到了蓮師，蓮師為他授記：「如果你再住世七年，眼睛就可以恢復光明。」又說：「你之所以會雙眼失明，是因為你以前信仰苯波教，尤其曾輕視毀謗過聖者，所以即使親見於我，也因為障蓋之故，不能馬上復明。」

蓮師又特別指示他做一頂法冠。於是他在沒有任何人的協助下，親手用銅片打造了一頂上述蓮師囑咐的法冠，令見聞覺知者得到不同的利益。

此外，蓮師還授予他一個秘密的回遮竅訣，依此可迅速消除重病急難。這個儀軌只有他自己會（以前有些伏藏大師也是這樣），就是先製作一種特殊的朵瑪㉝，並念誦

第五節課

㉝朵瑪：漢譯為食子，是以糌粑或熟麥粉做成，用以供養佛菩薩、本尊或諸神施食眾鬼的食品。

自己特有的儀軌，之後不穿任何衣服，一絲不掛地將朵瑪送往附近的三岔路口。依靠這種不可思議的方法，重病之人會立即痊癒，急難之人也會消災除難。由此，人們紛紛對蓮師法門生起極大信心。據保守估計，他在圓寂之前，至少念了6億遍以上的蓮師心咒。至於他的眼睛復明與否，似乎沒有交代得很清楚。

當他得到秘密成就之後，並沒有去改善物質條件，生活仍一如既往，以討飯為生。他平時吃飯不需要碗盤，只是以托巴作為飲食用具，裡面有什麼就吃什麼，而且從來不洗。別人供養財物時，他除了接受一點衣服和食物外，其他的都會吹氣加持後回贈給供養者，交代其不可花用，應隨身攜帶以作護身符。後來，有個寺院迎請他去接受供奉，他也只是住在寺院最簡陋的角落，依然睡著自己的舊鋪蓋，用著又黃又破的棉被和枕頭。

在即將圓寂的七天前，他告訴寺院住持鄔金喇嘛：「再過七天，我將捨棄這個世間前往清淨剎土，面見蓮花生大士。」鄔金喇嘛認為他是在說笑，所以不以為意。他又跟另一位僧人說：「鄔金喇嘛沒有生死自在的能力，可是我有。我的意思他不能明白……」「法身是不會死亡的境界，因為我已證得法身，其實我也沒有死亡可言。」這位僧人聽後，很擔心他會示現圓寂。果然7天後，在一個明媚的清晨，他以金剛跏趺坐坦然示寂。此時，大地出現震動。不丹舉國上下為之震驚，眾人紛

《蓮師金剛七句祈禱文釋‧白蓮花》略講

紛從遠地前來參拜。這是2006年5月發生的一件真實的事情。

「明燈論壇」中也講過一位修行人，在理塘明珠寺附近的山洞裡，終生閉關專修蓮師心咒。念了十多億遍心咒之後，他成就了。閉關山洞旁有泉水從山上流下，由於他的加持，流水聲都變成了誦蓮師心咒的聲音，非常神奇。後來他圓寂時也出現種種瑞相，這是毋庸置疑的。

表面上看，我們人與人都一樣，但實際上，有些人能念十多億心咒，有些人念十幾萬也很費勁，差別還是相當大。誠如古人所言，人和人各不相同：有的實力強大，有的處境堪憐；有的強壯無比，有的軟弱無能；有的極為能幹，有的一無是處……而這些差別，除了由前世的業力決定以外，也跟今生的努力和勤奮有一定關係。

其實在短暫的人生中，我們雖說可以做很多事情，但若錯過特別殊勝的法門，確實非常可惜。對於這些殊勝法門，即使我們修不了一些大法，但在念咒上達到一定境界，應該不是很困難。《蓮師心咒之功德》㉞中講過，若能持誦蓮師心咒十萬、百萬、千萬遍以上，便可相應獲得役使鬼神、三界自在等諸多功德。當然，像大成就者那樣幾億、十幾億遍地念，對現在人來講不太現實，很多人寧願整天看電視、睡懶覺，在無意義的瑣事上虛耗光陰，也不肯靜下心來念咒。以至於忙忙碌碌了

第五節課

㉞索達吉堪布仁波切譯，見書末附錄。

一輩子，有一天突然倒下去時，回頭看看自己的一生，可能什麼善根都沒有，有的只是滿身罪業。

相比之下，在我們清淨的喇榮道場，大多數人都在精進修行，真的非常隨喜。尤其是看到身邊一些道友的行持，我常覺得特別慚愧，不由想起迦葉佛時代那位公主的夢：一隻猴子坐在法座上講經，卻有很多獅子在聽。公主問迦葉佛是什麼徵兆，迦葉佛解釋道：「在釋迦牟尼佛教法的末期，有些法座上的上師，內外沒有一點功德，就像猴子一樣；而聽法者卻具足一切功德，猶如雪山的獅子。」確實，佛陀授記的時間已經到了。我周圍就有很多修行人，不管是白天黑夜，修得非常不錯，讓人特別佩服。

不過，大海裡也難免有魚龍混雜的現象，有時候我也能發現一些比我差的。看到他們的行為，我不禁心生感慨：「唉，這些人為什麼出家呢？」「這些居士為什麼要待在學院？這裡又得不到世間的名聞利養。天天聽錄音機、收音機，唱歌，聊過去的事情，又有什麼必要呢？」所以，客觀公正地評價，在這樣清淨的道場中，也有極少數修行不好的人。

當然，這也是正常的。就算是釋迦牟尼佛的身邊，尚且也有五百比丘還俗㉟，故無論是世界哪個地方，都

㉟《寶蘊經》中說，世尊在宣講享用信財的過患時，五百名戒律不清淨的比丘說「不應享用信財」而還俗了。

不可能沒有這些，不可能一切都是清淨的。有些人總以為寺院中不會有煩惱，一旦聽說些什麼，就開始驚叫連連：「啊！寺院裡怎麼會有這種事？」對此我們並不意外，因為有些客觀問題，他們也許不太了解。不過就我們自身而言，作為一名修行人，應當以修法為主，多做些有意義的事情，不要像一些沒有水平、沒有素質的人那樣，天天貪著無義瑣事。

現在城市裡的居士，大多數很不錯，在面對家庭、工作等許多壓力的同時，還要抽出時間修學佛法，真的很不容易。但也有一部分人對佛法不在乎，總是找些藉口，把聽課當作一般的世間行為來對待。其實人生很短暫，希望你們能做些有價值的事情，比如對自己有利的聞思修行，或者盡量幫助眾生。有意義的事情，一定要做；沒意義的事情，不敢說完全不做，但也盡量少做。有些人的習氣太重，剛聽完一堂課時，一兩天稍微能壓制住煩惱，但由於周圍助長惡習的順緣比較多，修持善法、聞思修行的助緣少之又少，所以，修行的結果往往不如人意，這一點你們也要注意！

關於七句祈禱文的功德，阿里大持明者的伏藏品《八大法行總集之持明外修法》中說過：「一儀軌王七句祈禱文，憑藉願力真實得面見，七日二十一日祈禱依，悉地降臨解脫諸違緣。」意思是，七句祈禱文如人中之王一樣，是一切儀軌之王。（藏傳佛教的很多寺

院，在修任何本尊之前，都要先念七句祈禱文。）憑藉蓮師宿世的願力，只要真實作祈禱，必定能親見蓮師。這個修法最好是單獨修七日或二十一日，若能如此，一切悉地自會降臨，一切違緣自會遣除。

以前我去過丹巴一個寺院，那裡每年秋天要求修七天蓮師法，所有老百姓與寺院的出家人一起，從早到晚不斷念七句祈禱文。藏地很多寺院或個人都是這樣，常利用七天或二十一天的時間專修蓮師法門。其實在修任何一位本尊前，最好是能先結上緣。從法王如意寶的事蹟中也可以看出，他老人家不管是修文殊菩薩、觀音菩薩，最初都會專修這一本尊，不間斷地念誦本尊心咒。同樣，如果你是第一次修蓮師法，最好也能先閉關七天，發願念多少遍七句祈禱文或蓮師心咒，然後平時就可以隨意念誦了。就像在世間上，你想認識一個人，可能先要請客吃飯，培養一下感情，但若從此成為朋友了，那你有什麼事，只要打個電話給他就可以。所以，當你們遇到違緣時，也別忘了給蓮師「打電話」！

前天有些道友說，去年某個城市發生動亂，他們一家都在拼命念七句祈禱文，這樣很好。或者，也可以念「喇嘛欽」、「革日仁波切欽㊱」，以此祈求蓮師保佑。在藏地，以前的老年人和修行人哪怕遇到一點點危險，比如放犛牛時碰到狼，馬上就會祈禱蓮師：「革日仁波

㊱意即蓮花生大士知，蓮花生大士垂念我。

切欽!」若能長期如是串習，在自己臨死的時候，蓮師或阿彌陀佛一定會來解救你的。

蓮師也曾親口承諾：「七句祈禱深情之妙音，相隨手鼓伴樂猛祈請，鄔金我從妙拂吉祥山，如愛子泣慈母心不忍，予以加持立此堅誓言。」倘若以悅耳的妙音念誦七句祈禱文，並搖動手鼓猛厲祈禱，那麼蓮師就會從羅剎洲來到你面前，如同孩子啼哭著呼喚母親，母親必不忍心拋棄他一樣，蓮師因往昔立下過堅定誓言，故而一定會降臨。即使你沒有手鼓或樂器，只要雙手合掌，以恭敬虔誠的信心來祈禱，蓮師也會降臨在你面前，對你的身口意予以加持，遣除一切人和非人的違緣。

此外，《上師密集》云：「猴年猴月之初十㊲，一切時王初十日，示現化身遍贍洲，我賜共同勝悉地，何人終生修上師，彼人則於命終時，融入鄔金我心間。」猴年猴月的初十，是蓮師離開藏地前往羅剎國的日子。今年是土牛年（2009年），還有7年才是猴年。法王沒有圓寂前，曾打算在第二年，也就是猴年舉行一個特殊的法會，因為我們喇榮五明佛學院，就是於猴年猴月初十建立的。在藏地，這是個非常重要的日子。當年蓮師離開這裡時，對所有大臣和人民講過：「每逢這一天，我必定會來到人間，對所有的人進行加持。」

而且，每個月的初十，也是一切時間之王。蓮師的

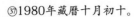

㊲1980年藏曆十月初十。

傳記中記載，藏曆中不管是哪個月初十，蓮師都有利益眾生、降伏鬼神的不同應化事蹟：

一月初十，蓮師捨棄王位，前往清涼尸陀林，對無量空行、鬼神加以攝受並轉法輪。

二月初十，蓮師在扎巴哈日（另說阿難尊者）面前示現出家。

三月初十，薩霍國王將蓮師投入大火，準備活活燒死他，但蓮師以神變力，將猛烈的火焰變成一大湖泊。

四月初十，鄔金國的奸臣把蓮師與曼達拉娃空行母焚燒七天七夜，結果火海自然化為湖泊，蓮師與空行母不但沒有損害一根毫毛，還端坐在湖中的蓮花上，示現不死虹身，降伏了所有野蠻眾生，並被鄔金國王尊奉為國師。

五月初十，蓮師降伏了五百外道班智達，發出佛教的獅吼聲。

六月初十，蓮師在達那夠夏海降生。

七月初十，蓮師在銅洲國家時，國王聽信外道邪說，把蓮師密閉在一紅銅箱子裡，扔入大河。蓮師不但沒被淹死，反而逆水而上，在空中放光，令河水越漲越高，眼看皇宮就要被淹沒，國王和眷屬特別恐懼，向他誠心懺悔。

八月初十，外道以摻毒的飲料供養蓮師，蓮師將之轉成甘露，不但沒受絲毫損害，反而更加容光煥發。

《蓮師金剛七句祈禱文釋·白蓮花》略講

九月初十，蓮師在尼泊爾的羊乃穴山洞，以金剛橛降伏了藏地、尼泊爾的很多鬼神，並獲得大手印成就。

十月初十，蓮師抵達藏地，降伏藏地的鬼神之後，建立宏偉的桑耶寺，從此在藏地弘揚佛法。

十一月初十，蓮師自桑耶寺開始，在整個藏地埋藏了無數伏藏品，又降伏諸多鬼神，令其承諾作護法神，並將伏藏的「鑰匙」交給他們。

十二月初十，蓮師在芒域貢塘辭別眾人，前往羅剎洲，並給世人留下很多教言，尤其是提到：「每個月的初十，我都會來到人間，只要你們呼喚我，我會迅速賜予加持。」

所以，藏地很多寺院，每月初十都有薈供，都要修蓮師法門。我小的時候，常聽老人們說：「今天是初十，要念蓮師心咒。」不知道現在青年一代的心中，還有沒有這種觀念了。不管怎麼樣，初十是極為特殊的日子，你們要記得提醒自己，無論身在何處，這天應該作一點薈供，尤其要念七句祈禱文和蓮師心咒。因為在每月初十，蓮師會於南贍部洲示現千萬化身度化眾生，這是他的承諾。

法王如意寶以前常講：「猴年猴月的初十相當關鍵，這天一定要作大薈供，舉辦大型的佛教儀式；每個月的初十也很重要，應該盡量作些薈供，祈禱蓮花生大士。自己若想消除違緣、希求解脫，觀想並祈禱蓮師的

84

話，蓮師一定會賜予共同和不共的悉地。」

不管是什麼人，若能終生修持蓮師，命終時定會融入蓮師心間，這也是蓮師的金剛語。由於蓮師與阿彌陀佛一味一體，修蓮師與修阿彌陀佛沒什麼差別，因此，遇到這麼好的法門，我們一定要修，不修的話很可惜。

《上師密修要文》中云：「修法生次第，明了觀修時，我住彼者前，曼扎供品物，食子擺設時，我無疑降臨。」我們觀修、祈禱蓮師，蓮師就會住於我們面前；我們在蓮師像前擺放曼扎、食子等供品，誠心誠意地祈禱，蓮師一定會降臨。

又云：「無肉光明身，觀修蓮師身，彼時起佛慢。」蓮花生大士不是肉身，而是光明身，所以若觀修蓮師的身體，定會時時得到加持，對此我們要生起佛慢。

又云：「我不自主臨，鄔金蓮花我，誰以強敬信，猛厲祈禱時，我臨彼者前。」蓮師說：「誰以強烈信心祈禱我，我一定會降臨在他面前。」

蓮花生大士這樣說，是因為有這樣的能力，漢地以前也有一些大德，為了摧毀眾生的傲慢，而故意顯露自己的成就相。譬如傅大士，與達摩祖師、誌公禪師並稱為「梁代三大士」。他自號「雙林樹下當來解脫善慧大士」，其修行和成就跟蓮師有相類似的地方。他曾見許多人無緣遍覽《大藏經》，就發明了「輪藏」，將《大

藏經》做成轉經輪㊳，並推廣至很多地方，廣利無量眾生，這一事業很奇特。

他是什麼樣的人呢？起先他是個捕魚的，但捕魚的方式比較特殊：每當捕到魚之後，他又把魚籠沉入水中，禱祝著說：「願去者去，願留者留。」於是，與他無緣的魚就游走了，有緣的那些才留下來。

有一次他正在捕魚，來了一位印度高僧，對他說：「我與你過去在毗婆尸佛前，同時發願度生。現今在兜率天宮中，還存有你的衣缽，你什麼時候回去呢？」他聽後瞪目茫然，不知所對。梵僧就讓他到水邊看倒影，他看見自己頭上有寶蓋、圓光等瑞象，因而頓悟前緣。於是拋棄漁具，在雙樹下結茅庵而居，從此精進修行。

七年之後，有一天他在定中，看見釋迦牟尼佛、定光佛、金粟佛放光融入自己，因而獲得了加持。後來他把妻子賣掉㊴，舉辦無遮大法會，許多行為跟藏地密咒士很相似。記得有一次，他腳穿儒履，身著僧衣，頭戴道冠，進宮拜見梁武帝。南懷瑾對此評價說，這表示中

㊳《釋門正統》云：「初梁朝善慧大士愍諸世人，雖於此道頗知信向，然於贖命法寶，或有男女生來不識字者，或識字而為他緣逼迫不暇批閱者，大士為之顧，特設方便，創成轉輪之藏，將大藏經樓中納置一切經之書架，設置機輪便於旋轉。令虔誠者推輪藏一匝，則與看讀經藏具同等功德。」
㊴傅大士為了化導大眾，便先來勸化他的妻子，發起道心。有一年碰到大荒年，大家普遍都在飢餓中，他便勸導妻子，發願賣身救助。他妻子劉妙光聽後，並不反對，說：「但願一切眾生，因此同得解脫。」後來，同里傅重昌、傅僧舉的母親，出錢五萬買了他的妻子。大士拿到錢就開大會，賑濟眾人，發願說：「弟子善慧，稽首釋迦世尊，十方三世諸佛，盡虛空，遍法界，常住三寶。今捨妻子，普為三界苦趣眾生，消災集福，滅除罪垢，同證菩提。」過了一個月後，那位同里的傅母，又把他妻子送回山中來了。

國禪的法相，是以「儒行為基，道學為首，佛法為中心」。有些人不了解密宗的境界，一聽蓮師自稱「我是如何的成就者」，就開始極力毀謗，卻不知漢地大德也有這樣的超勝行為。

此外，淨土宗的五祖少康大師，出生後一直不說話。7歲隨母親到寺院拜佛，母親問：「這是誰啊？」他忽然開口說：「是釋迦牟尼佛。」父母悲喜交加，便施捨他出家為僧。後來大師廣弘淨土法門，每次升法座高聲念佛，念一聲佛，就有一尊化佛從口中而出；念十聲佛，則有十尊化佛，如同念珠般連貫地從口中湧出。

還有誌公禪師，畫師為他畫像時，他一時興起，現出十二面觀音像，妙相殊麗，或慈或悲，使素有「第一佛像畫家」之稱的僧繇，無法成筆。藏地的大德小蘇（色瓊巴）和大蘇，臨終時將身體化光融入黑日嘎……諸如此類的現象非常多，大家應該全方面去了解。今天講到這裡吧，本來還想講，但時間到了，實在沒辦法！

《蓮師金剛七句祈禱文釋·白蓮花》略講

彌勒菩薩

第六節課

通過這次學習七句祈禱文，很多道友應該了解到它內外密的巨大功德，以後方便時大家要多念，尤其念誦的時候要有信心。

信心、智慧、悲心這三者，可以涵攝所有的佛法。作為一個真正的佛教徒，信心是根本，若對上師、三寶、四諦有信心，那麼今生來世的一切都能如願以償，無有絲毫困難；反之，倘若沒有信心，即使你表面上再有智慧、辯才、能力、技術，這一切的功德也失去了基礎。

有些人由於前世福報，生來對善法就有堅定的信心，邪分別念也極為鮮少。而有些人雖有強大的智慧，可是雜念邪見一大堆，總認為這個不對、那個不合理，凡是眼睛見的、耳朵聽的、身體接觸的，都覺得醜陋無比，這種心態對修行很不利。因此，大家應當觀清淨心，尤其是聽到上師三寶的功德時，要有一種歡喜心和恭敬心，這是傳承上師們再再強調的。

下面繼續講蓮師的功德。昨天引用了《上師密修要文》的教證，這個還沒全部講完，今天接著講：「苦樂凶吉等，生死今來世，暫時及究竟，樂苦望您知，我無餘依處，鄔金盡了知，如是而思維，屢屢而祈禱。」

《蓮師金剛七句祈禱文釋·白蓮花》略講

蓮師是諸佛菩薩本體的總集，所以我們在日常生活中，不管是遇到快樂或痛苦、吉祥或不吉祥，乃至解決生死輪迴的重大問題，獲得暫時、究竟的一切安樂，全部都要祈禱蓮師，依靠蓮師來了知。也就是說，每個人要有一種信念：「我把一切都委託您，一切都依靠您，除了您，我沒有其他的皈依處。有人皈依樹林，有人皈依外道，有人皈依有地位、有權勢的人，但這些只不過是暫時的依處，而最究竟的皈依處，唯有十方諸佛菩薩總集的蓮師您。」一定要對蓮師有特別虔誠的信心，相信他能了知一切，祈請他垂念自己。如是屢屢思維、祈禱，一定會獲得成就。

　　現在很多人的修行不能增上，就是因為數量不夠、質量不夠、精進不夠，念了一二十萬、一二百萬的咒語，覺得特別特別多，這樣不行。其實單單是修上師瑜伽，按智悲光尊者的傳統，念修蓮師心咒的數量就要圓滿一千萬遍。很多人一聽，也許目瞪口呆：「啊，一千萬！太可怕了！」但你們看看阿瓊堪布的傳記，他的上師跟他說：「按照常規，外祈禱只需念誦一千萬遍蓮師心咒，不過你這次卻必須念滿三千萬遍。」阿瓊堪布對此並沒有抱怨，而是保質保量地完成了。他在念誦前一千萬遍心咒時，每隔一百遍，就會念一遍祈請文，以此輪番修持；念誦後兩千萬遍心咒時，則是每隔一千遍，就念一遍祈請文。他是這樣完成的。

第六節課

記得在持誦心咒的過程中，有一次他到上師那裡去，恰巧碰到上師像往常一樣，午飯後在轉繞自己的關房二十五圈（本煥老和尚吃完飯後，也常有轉繞佛堂的習慣），於是他就跟著上師一起轉。上師有一條狼皮的裹腰，繫帶總是像藏靴的鞋帶一樣耷拉著，以往每當他方便時，總會說一句「拉一下我的尾巴」，而那天卻沒這麼說。於是阿瓊堪布問：「要不要拉一下您的尾巴？」上師怔了一下，說：「噢，我都忘了，那就拉一下吧……」接著他又像想起了什麼似的說：「這是我的一句壞口頭禪，你學我說也不能怪你。不過，一般說來，弟子應將上師觀為法身佛，而不能將其視為普通色身。《金剛經》云：『若以色見我，以音聲求我，是人行邪道，不能見如來。』這個教證就說明了，弟子必須把上師視為法身，不能是報身或色身，否則，如此惡劣心念必將成為解脫的障礙。」

　　上師要求阿瓊堪布念三千萬遍蓮師心咒，圓滿五十萬加行，同時還要背誦《大圓滿前行》。其實阿瓊堪布是活生生的布瑪莫扎化身，他白天晚上的境相，全部是智慧的妙用，但他仍腳踏實地、依教奉行，始終以一個普通人的身分修行，以此引導了無量眾生。

　　相比之下，現在很多後學者口口聲聲說：「我有神通，有更高的境界，不用修加行、念咒語了！」聽到這些，真讓人不太舒服。看看往昔的高僧大德，不管是漢

《蓮師金剛七句祈禱文釋·白蓮花》略講

地禪宗的，還是藏地密宗的，當他們證悟越來越高時，對世俗中的取捨因果、念咒語，只會越來越重視。因此，我們務必要次第性地修持，一步一步地來，尤其要多修上師相應法，這非常關鍵！

《大圓滿前行》中要求念蓮師心咒一千萬，這對城市裡的人來講，確實是個特別大的數目。但是，你的相續若想與上師相應，不能光在口頭上說：「上師，我跟您相應嗎？我覺得好像很相應，剛剛看到您時，感覺您特別特別慈悲。不過，這幾天信心好像又退了。」這樣的相應，只是暫時的分別念，可能是源於前世的善緣，也可能源於前世的仇緣，以致見面後有種不同的感覺。但我覺得這個不重要，最重要的是，要在實際行動中時時刻刻祈禱，把自己的一切交付予十方諸佛菩薩，今生中快樂也好、痛苦也好，長壽也好、短命也好，全都指望佛菩薩來了知，由他們來支配、來安排。就像有人常說：「上師您說什麼，我就照辦！」應該有這種信心。若能如此，你的相續肯定會與法相應，與聖者的境界相應。

我個人而言，雖說沒有很多很多的境界，但多年來的求學讓我知道，在末法時代，祈禱蓮師的上師瑜伽值得每個人長期修持，若能這樣，不論你遇到什麼違緣或阻礙，都不會中斷自己的善心。否則，你一兩天裡有種覺受，修行也特別精進，這種信心發起來並不難，但要長期堅持、貫徹始終，卻不是那麼容易的。所以，大家

要時時祈禱蓮師加持！

　　蓮師曾說：「修我成就一切佛，見我現見一切佛，我是善逝之總集。」如果能修成蓮師的上師瑜伽，不必對一尊一尊佛單獨修，便可成就一切佛；倘若能親眼見到蓮師，也就見到了一切聖尊。為什麼呢？因為蓮師是所有善逝的總集。

　　第一世敦珠法王在12歲時，曾親見蓮師尊顏，從此之後，許多伏藏、境觀自然而然顯現出來。無垢光尊者在一次修法中也見到蓮師，並且雲遊空行剎土，得到了《空行心滴》的教授；後於28歲，在一次傳法中又見到蓮師佛父佛母，獲得《空行心滴》的灌頂，蓮師為他賜名無垢光（智美沃日），空行母益西措嘉賜名金剛威嚴。

　　當然，我們凡夫要跟大德們比，肯定有一定的困難。但是要知道，很多弘法利生事業特別廣大的人，都曾不同程度地受過蓮師為主的諸佛菩薩加持，有了這樣的加持，對眾生必然會有利益。否則，縱然你想利益眾生，口中喊得聲嘶力竭，但若自相續猶如枯木，沒有得過加持甘霖的滋潤，也很難以實現願望。所以，一個人要想弘法利生，首先要有一定的境界，這樣才可以打動別人、攝受別人、加持別人。

　　蓮師說過：「敬信者面前，我無離合住。」在具有清淨信心、恭敬心的信士前，蓮師從未離開過半步，也並未前往羅剎洲，只要時時祈禱他，就像盲人身邊有明

《蓮師金剛七句祈禱文釋·白蓮花》略講

眼人在照顧一樣，蓮師隨時都會賜予安慰、加持，從各方面遣除你的道障。

又云：「乃至虛空之邊際，有情邊際亦如是，乃至業與煩惱際，我之事業如是疾。」虛空無有邊際，有情也無有邊際，有情的業和煩惱亦復無有邊際，在如是無邊無際的時空中，蓮師攝受、利益眾生的加持和事業會越來越迅猛。前面也講過，諸佛菩薩的事業有正法和末法時期，隨著世界越來越惡濁、越來越趨於末法，蓮師的事業與加持會像日輪般越來越明亮，照耀所有眾生的心田。因此，在當今五濁惡世，對於唯一的怙主蓮師，大家共同祈禱特別有必要。

現在很多修行人，對蓮師和密法沒有極大信心，我雖不敢100%保證他們修行不會成功，但還是有相當大的困難。而有些人儘管智慧、能力、見解不高，然因從小就對蓮師有不共的信心，這種信心得之不易，依靠它，修行一定會圓滿成功。上師如意寶在課堂上也常講：「末法時代，祈禱蓮師的的確確特別重要！」因此，大家務必要經常念誦七句祈禱文，只要你有信心，必定能獲得加持。

不過，有些人念的數量不太夠。你看麥彭仁波切的侍者沃薩，七句祈禱文就念了130萬遍。這個祈禱文不是蓮師心咒，130萬遍還是比較長，由此可見，古人的信心非同一般，不像現在人一樣特別散亂。

其實，現在我們更需要佛法，否則，在各種文明的不斷衝擊下，人心始終無法得到自在。在古代，人們即使不住在寺院等靜處，生活環境也算比較平靜，內心不會那麼浮躁。而如今，面對外境色聲香味的不斷刺激，除了極個別修行人有定力以外，大多數人的心很難平靜下來。此時，若沒有諸佛菩薩的加持及自己穩固的信心，修行想要善始善終，真的很不容易！

作為一個修行人，表面上辦個皈依證不難，穿套出家僧衣、剃個光頭，也不過是兩三分鐘的事兒，最難的是什麼？就是佛法真正融入心。有些人出家是為了好看——「我現在是出家人啦，上師，好看嗎？」其實好不好看並不重要，形式上的出家沒什麼了不起，最重要的是心要與法相應，真正生起無常觀、出離心、菩提心，乃至大圓滿等較高的密法境界。

當然，這不是一天兩天就能做到的。除非是極個別利根者，只需一個表示就能當下開悟，這在禪宗、密宗中都有過，然而現在末法時代，這種現象比較少了。不過密宗還算可以，對於續部、修部的教言，現在很多人仍在不斷修持，寺院附近也有不少人閉關實修。而禪宗中，有些人把「禪」越來越世俗化了，與明心見性的古代思想，有點背道而馳之感。那天我看了一個光盤，題目是《中國甚深之禪》，封面上有個和尚，我以為他講得不錯，便想好好研究一下禪文化。結果放進電腦一

《蓮師金剛七句祈禱文釋·白蓮花》略講

看，竟然是講怎樣賣茶葉的，我想「算了算了，我不買也有很多普洱茶」，就沒有再看。

說到「禪」，儘管可用不同的文化來闡釋，但最關鍵的核心是什麼？就是認識心的本性。認識心性的教言，是我們最希求、最需要的，至於其他，如怎樣炒股票，怎樣賣東西、配茶葉，其實用不著佛教理念，世間人在這方面也一個比一個聰明，美國人有美國人的茶文化，日本人有日本人的配茶方法，所以我覺得，最根本的應該是讓人了解佛法。世間上芸芸眾生不明白心的本性，不懂諸佛菩薩不可思議的微妙之法，因此，已開悟、或未開悟但對佛法有甚深定解的人，在享受佛法美味之同時，理應把它傳遞給世世代代，這也是延續佛法的慧命。

總之，佛教太世俗化了，意義不是很大。雖說佛陀也有「隨順眾生」的教言，但隨順不等於一味投其所好。法王如意寶講《勝利道歌》時也說過：「隨順他人並不是沒有原則，別人生貪心你也隨順，生嗔心你也隨順，不是這個意思。」因而，隨順眾生要看有沒有意義，有意義的話，可以暫時隨順他。然即便如此，到了一定時候，你也要把他的思想轉變過來，這才是「隨順」的意義所在。

話說回來，《上師密集修教標題》中云：「果乘密

宗金剛乘，一切廣大續與教，速疾圓滿二資糧，欲證精義修上師。」密乘（果金剛乘）分續部、修部的廣大教法，修持這些雖也能獲得成就，但若想更快地圓滿福慧資糧，通達萬法最究竟的精要，務必要修蓮師的上師瑜伽，這個法比什麼都快，比什麼都深，比什麼都重要！

許多人想依靠密宗而成就，但如果捨棄上師瑜伽而另修一法，絕對是不會成功的。薩迦、格魯、寧瑪等派的歷代大德，當見到上師與本尊同時現前時，一定會選擇從上師那裡求加持，把上師當作真佛看待。以這種信心來修蓮師的上師瑜伽，那麼一定會成就。

《甘露生續》云：「觀修十萬本尊身，不如唯觀師身勝。」觀修觀音菩薩、文殊菩薩等十萬本尊，雖說會有無量功德，但遠遠不如觀修上師瑜伽殊勝。所以，上師瑜伽特別重要，尤其是蓮師這一修法，可令我們迅速開悟；即便沒有開悟，也對今生的生活和將來的死亡，有非常大的利益。

喇拉曲智仁波切的傳記中記載，他在接近圓寂時，對一旁的侍者阿索說：「你不要坐在這裡，蓮花生大士來了。」侍者不敢再待，便到旁邊偷偷地看，只見上師滿面笑容，住於心與蓮師無二無別的境界中，以獅子臥式安然圓寂了。尊者一輩子修的本尊就是蓮師與文殊菩薩，他給弟子傳講的教言，大多數都是蓮師的竅訣。我們修上師瑜伽時，也應該盡量安住在蓮師與自心無別的

境界中，這很重要。不過，這要到密法部分才能講。我們現在講的是不是密法？應該也算哦！

（近來外面流行甲流，大家還是要念金剛鎧甲咒。可能每個人的根基不同，有些人特別害怕，有些人好像無所謂。不過，修行人不應該太怕死，怕的話，說明修得還不成功。你應該有種不怕死的精神，如果真得了這種病，看看感覺怎麼樣？那時就可以看出你的修行境界，這是一個最好的辦法。）

此外，繞那朗巴的伏藏品《初十祈請法》中云：「我即鄔金蓮花生，憑依利他善意樂，一時化一伏藏師，彼者行一深伏藏……」《初十祈請法》在很多伏藏品裡都有。我們多芒寺的伏藏大師德欽朗巴就有很大一函，內容特別好，也很深，每年五月初十取出來，讓寺院所有出家人跳金剛舞，並在三四天中念修這個祈請文。

記得70年代時，宗教還沒有開放，我家隔壁住著多芒寺的維那師，他有伏藏大師的《初十祈請法》，是長長、厚厚的一大函。由於他家有出家人，領導經常去搜查，所以他特別害怕，就把這個法本讓我們藏著，因為我家當時沒有出家人，政府也比較放心。

我們藏地常要搬家，夏天也搬、冬天也搬，一個帳篷搬來搬去。那時候我和弟弟還小，每到一個新的地方，我倆首先要做的，就是尋找一個山洞或岩洞，把法本包好藏起來。就這樣，這法本被我們藏了六七年，後

第六節課

來直到宗教開放，才還給那個老喇嘛。結果這是僅有的一本《初十祈請法》，其他的，在「文革」期間全被毀壞了。那老喇嘛也說：「現在我們寺院只剩這一本了。如果這個被毀了，以後即使有機會，我們也沒辦法舉行『初十法會』了。」寺院和當地人都認為他很了不起，卻不知道是我們幫忙藏的。有時聽到別人讚歎他，我父母也會私下說兩句：「這麼多年來，是我們辛辛苦苦幫他藏的。唉，算了算了！」

關於伏藏法，除了意義極為甚深，跟分別念所寫的東西不同以外，還具有語言簡潔、文字優美、層次分明等諸多特點。讀起來的時候，跟世間人寫的文章完全不一樣。我們平時也有這樣的說法：「某某儀軌特別好，就像是個伏藏品。」

在藏地，伏藏大師確實相當多，因為蓮師教法的精華主要是伏藏法。伏藏是非常重要的藏經方式，即使世界上發生戰爭或地水火風的災難，整個地球被摧毀了，伏藏法也毀不掉。這是因為蓮師當年以發願力攝持，將這些伏藏法交付予各方土地神，或是藏於開悟弟子的如來藏智慧裡，並以不可思議、堅不可摧的加持力作了印持。

對伏藏大師而言，雖然他們是了不起的修行人，但也受生死輪迴的影響，在經歷無數生生死死時，意識是不斷變化的，其間有很多東西會被忘掉。所以，蓮師並沒有把伏藏法藏在他們第六意識中，而是藏於現空無二

《蓮師金剛七句祈禱文釋‧白蓮花》略講

的法界智慧裡⑩，這種智慧永遠也不會改變。一旦開發伏藏的因緣成熟，伏藏大師只需進入證悟的境界，伏藏的內容立即會以空行文字或表示文字顯現出來。

以前在上師如意寶的手裡，就有很多伏藏的空行文字，這些我們也看過，有些像甲骨文，有些像寫在樹皮上的，都是特別小的一張紙，上面只有一兩個字。這一兩個字，其實只不過是種信息表示，如同密碼一樣，可以開啟伏藏大師的記憶寶庫。有人懷疑：「一個小小的寶篋，怎麼裝得下那麼大的書函？一兩個空行文字，怎能顯現出如是多的伏藏法？」實際上這些伏藏品只是一種提示，通過它，伏藏大師就會在心裡顯現出完整的伏藏內容。

上師如意寶還跟我們講過，假如一個伏藏法的出世機緣已成熟，伏藏大師必須要寫出來，否則就會不斷受到干擾，今天顯現，明天顯現，後天又顯現……腦海中反覆出現這個伏藏。而一旦寫成文字之後，所有的干擾便當下消失。

前不久，一個老喇嘛也跟我講：他的上師是德欽朗巴的侍者，知道一些開取伏藏的事。有時尊者半夜三更得到了信號，馬上把侍者們叫起來，說要到什麼地方去，然後翻山越嶺，連夜趕路。這種事情經常發生，所以侍者們總是時刻待命，晚上睡覺都不鬆腰帶，隨時準備跟上師去取伏藏。

⑩即他們證悟空性的智慧中。

有一次，尊者對一個侍者說：「馬上要取伏藏了，趕快跟我走！」他們連夜不停地趕路，第二天早上才到目的地——一個山頂的樹林裡。在路上，尊者告訴侍者：「今天取伏藏的不是我，是你！」侍者十分納悶：「我只是一般的凡夫人，怎麼能取伏藏呢？」但到了那裡以後，伏藏的內容自然就在他心中顯出來了。所以，尊者的伏藏品中，也有一些他弟子取的教典。在歷史上，這樣的精彩故事數不勝數。

此外，伏藏法還有幾個特點：傳承不斷，不受外道侵害；法源清淨，免受世人邪說影響；有極其甚深的智慧力量；開取出來之後，對無量眾生的加持特別迅速。就像佛陀剛轉法輪時，很多眾生都能證果一樣，伏藏品剛取出來時，也能令有緣眾生成就相當快。

當然，伏藏中也有不少假的。蓮師曾授記：「當我的真伏藏弘揚於世時，就像草地裡冒出許多蘑菇一樣，也會出現很多假伏藏。」關於如何辨別伏藏的真偽，麥彭仁波切在《澄清寶珠》中有過敘述，直品單比尼瑪也著有這方面的觀察方法。

因此，自稱為「伏藏大師」的人，不一定就是伏藏大師。有些人以分別念造個儀軌，就到處宣揚自己的「伏藏」，但這些假伏藏跟真伏藏的加持截然不同。這種人根本沒得過蓮師的印持和授記，只不過在文字上稍懂一點，便開始自詡為「伏藏大師」。就像這裡有些道

友，明明沒有證悟，卻因增上慢而認為「我已經開悟了，什麼都不用修了」，這是非常可怕的！

總而言之，對濁世來講，伏藏法門是密法的精華所在。

話說回來，剛才的《初十祈請法》中講了，蓮師依憑利他之意樂，在每一時代中都化現一位伏藏大師，每一位伏藏大師都會行一些伏藏法：比如在開取伏藏時，有些是取文字，有些是取佛像、寶篋，有些是取世間的法器等等。

格魯、薩迦等教派中雖然也有伏藏，但只是少量的，絕大多數伏藏都是蓮師所藏。原來法王去美國時，當地人說：「蓮花生大士來過美國多好啊！我們這裡也想取個伏藏。」的確，美國不像我們藏地，這裡很多岩石、湖裡都埋有伏藏。以前我看過法王的一張光碟，是在青海意則湖取《金剛薩埵儀軌》的場面，當時湖水很深，沒過頭頂，上師身體比較重，但浮在湖中就把伏藏取出來了。還有，上師在古烏拉澤取過一尊佛像，在不丹的巴卓達桑取過一蓮師的簡略儀軌㊶，在尼泊爾的山洞裡取過《項袋金剛橛修法》，這些時候我都在場。

㊶《法王傳》中說：「……接著又來到巴卓達桑，這裡是蓮花生大士以八種威猛相中的忿怒金剛形象降伏邪魔的山洞。進入洞中，法王說：『此處有九函蓮師猛修儀軌的伏藏品，為了利益不丹國家未來的眾生，今生我暫時不開取，待到下世再來取出。』又說：『我本想今生現清淨比丘相度化眾生，不願開取伏藏品，但因蓮師的願力廣大，所以許多甚深密語都已從口中自然流出了。這次也不得不取出一略儀軌伏藏。』為了緣起，法王便開掘出了一個簡略儀軌。」

記得在不丹時，上師如意寶有一次去了伏藏大師釀·尼瑪威色（日光伏藏）後代的家裡。那位伏藏大師曾取過一枚金剛橛，上師見到金剛橛之後，智慧中自然流露出八大法行的儀軌，當即讓人記下來，珍藏在一寶篋中，並說三年內不能公開，之後可在人間弘揚。但三年以後，我問過上師可否開取，上師說緣起還不成熟，故而至今尚未廣傳。如果這個儀軌開取出來，內容可能會特別多。

　　這樣的精彩故事，並不是神話，而是實實在在的。如果把所有伏藏大師的伏藏品堆起來，肯定像山那麼高。其實，許多伏藏大師根本不出名，像色達這麼一個小縣城，就有過好幾位伏藏大師，其伏藏法多達二三十函；我家鄉爐霍也是一樣，伏藏大師們留下很多書函，甚至一兩座寺院就有一位伏藏大師，但由於有些不為人知，其伏藏法只在一個小範圍內流通，只是極個別修行人在修。我曾看過勒珠朗巴的一個續部伏藏，內容極其殊勝，但我後來打聽了一下，他一點也不出名，甚至在世時，很多人不知道他是伏藏大師。

　　蓮師還說：「簡言隨化無有量，鄔金大士恩無比，一一境域一聖地，皆是蓮師紀念碑。一一地界一伏藏，皆是蓮師紀念碑。」蓮師隨順所化的無量眾生，在每個地方都留有一處聖地，分別是他身、語、意、功德、事業加持之地，此皆為蓮師的紀念碑；在藏地的每一個村落，都有

《蓮師金剛七句祈禱文釋·白蓮花》略講

一些方便、降伏等伏藏儀軌，這也是蓮師的紀念碑。

原來我見有這麼多伏藏，心中不免懷疑是真是假，但事後看來，確實是蓮師以不同的緣起，為利益不同的眾生而伏藏的。正如剛才所說，有些甚至只在小範圍中，為極少數人所修持。

又云：「總之調化不可思，皆是鄔金紀念碑。未來於我信受者，誰人於我起信解，我即安住彼者前。每月初十之吉日，誰人受持隨念我，彼者與我無合離。」誰對蓮師有信心，蓮師就會安住在他面前，賜予灌頂和加持。尤其是每月初十這一吉祥日，誰人受持、憶念蓮師，蓮師會始終不離開他。

因此，你們以後若各方面因緣成熟，應當白天晚上都祈禱蓮師；若實在沒有這樣的條件，那不管到哪裡去，每月初十都要想到：「今天，蓮師對眾生有不共的承諾，要特別加持所有眾生。」所以那天你要極力祈禱蓮師，並作一些薈供等法事，以此相續中定能獲得加持。如云：「蓮花生絕不妄語，當生歡喜信受者！」

以前我在《旅途腳印》中，引用過伏藏大師班瑪朗巴的一個教證，他說：「濁世伏藏法有信心者，曾經已見蓮師並發願，皆為有緣善根者當喜。」從你們表情上看，對伏藏法確實很有信心、很有興趣，那麼以此教言來衡量，你們前世肯定與蓮師結過善緣，不然的話，一講起「伏藏」，也許會反感、特別不舒服——大家感覺

第六節課

怎麼樣？有沒有歡喜心呢？（下面回答：「有！」）看來你們都是蓮師的大弟子。根據這個教證，我好像以前也當過……

有關祈禱蓮師必獲加持，經續中的教證歷來不乏其數。如云：「藏地王臣眾弟子，上弦月之初十日，我必降臨立此誓，蓮花生我不欺他。」蓮師離開藏地前往羅剎國時，曾對藏地的王臣承諾：「每月初十你們若祈禱我，我一定會降臨。蓮師我在此立誓，絕不欺騙任何人！」

又云：「以七句祈禱，得如流加持，覺受感應時，是我降臨相。」以七句祈禱文來祈禱時，定會得到如河流般不斷的加持，假如你覺得相應、很起信心，說明蓮師已經降臨了。我們作為凡夫人，由於業障深重，不一定像聖者那樣，在觀修時、夢境中能以肉眼見到蓮師，得受加持和灌頂，但當你有了這些感應時，即使沒有親見蓮師，也說明蓮師降臨了。

又云：「我實無來去，自業障礙淨，爾時面見我，世俗所化前，真住羅剎境，然悲不間斷，我住信士前。」從世俗角度來講，蓮師已前往羅剎洲，在紅色銅山為羅剎眾生轉法輪；但就實相而言，蓮師的本體無來無去，在業力清淨者前，隨時可以顯現，對可憐眾生的悲憫也從未間斷，無論是誰祈禱，蓮師都會住於其前，賜予加持。這次通過學習，相信很多人對伏藏法、蓮師教法生起了很大信解。若能如此，對你們即生成就也會

感召特別殊勝的緣起。

又云：「如是於初十，精進祈禱我，以畏墮輪迴，誠心依附我。」蓮師說：「如是你們應於初十，精進地祈禱我；以畏懼墮入輪迴之心，一心一意地依附我。」

⋯⋯

諸如此類，蓮師親口承諾過的金剛語許許多多，大家應對此有種堅定的信心。尤其是大城市裡的修行人，希望你們不但不要排斥密宗，還要在修學顯宗的同時，實地去修持密宗，這絕對有殊勝加持！

其實，在漢地歷史上，也有過蓮師伏藏的記錄。比如，大圓滿祖師中有一位釋迦光尊者，他不管修降伏法還是取伏藏，都特別特別厲害。當時，蒙古的忽必烈與弟弟爭奪王位，聽說藏傳密宗有降伏法，就從一位上師那裡求得了，並依靠咒語的力量，擊敗了弟弟而獲得王位。此後，忽必烈又聽說釋迦光可開取蓮師的長壽水伏藏，便派遣專使攜金字詔書，要求尊者取出長壽水送給他，若能滿願，對前藏、後藏的密咒士會給予各種方便。（這段歷史比較廣，《青史》、《敦珠佛教史》中均有記載。）

接到詔書之後，釋迦光尊者便帶著專使，以及成千上萬的人去取伏藏㊷。到了山洞門口，遇到一風輪阻擋，無法進入，尊者念了些咒語，風輪遂停轉。進入山洞，

㊷伏藏一般有兩種取法：一是伏藏大師自己私下取；二是在眾人面前公開取。他是屬於第二者。

裡面有很多黑炭，炭中有一古怪的青蛙，多口多眼，其手一動，便牽來一個極大風輪，尊者以念珠壓住牠，於是風輪自然消失。之後尊者順利取出了伏藏，其中有馬頭明王像、金剛亥母像、金剛薩埵像，並有修法儀軌13卷，以及青玉瓶盛裝的長壽水，此皆為蓮師所埋藏。眾人見後，均生起敬信。

原本，長壽水的「獻新」若被尊者喝了，他可以活到100歲，但尊者只在舌上沾了一點，作個表示就交出去了。專使日夜兼程趕回漢地，把它交給忽必烈。忽必烈非常高興，以此也獲得了長壽。書中說他活了100歲，但從歷史上看，好像只有八十多歲（1215～1294），不過這也算高壽了。後來忽必烈果然履行了承諾，向前後藏頒賜詔令，赦免人們充軍役，賞賜許多土地用於建寺院等，同時封釋迦光尊者為「巴謝」，其地位與國師相等（也有說「巴謝」就是國師）。可見，伏藏法在當時被普遍接受。

對蓮師的教法，極少數大人物或世間人，雖說體會過它不可思議的加持，但真正感受到其威力和修行作用的，從歷史上看，應該都是修行者。尤其是在寺院裡修生圓次第的人，才能真正感受到其中的殊勝與微妙！

《蓮師金剛七句祈禱文釋・白蓮花》略講

除蓋障菩薩

108

第七節課

　　現在總體看來，漢地各個地方對密法學得不錯，有些人並不是停留在口頭上，而是在生活中，有了實實在在的感受與收穫。看到他們的轉變，我由衷地高興。在座不管是出家人、居士，希望你們也認認真真地修學，懂得藏傳佛教的殊勝性之後，有必要、有因緣的時候，應當傳給相關的人，以令他們接受並共同學習。

　　這樣的行為非常重要！就像禪宗，最初也不為漢地所接受，但後來隨著大成就者們紛紛證悟其高深莫測的超勝境界，越來越多的人不得不對它另眼相看。日本的禪宗也是一樣，當弘揚至英美國家時，剛開始大家比較排斥，但當它漸漸融入生活中後，人們也就接受了。

　　所以我想，現在人的信心比較不錯，最關鍵的在於缺少傳法者。大家若能共同努力，藏傳佛教應當可以讓更多人了解，尤其是漢地有些水平比較高的居士，可以給大家作佛法上的交流。（他們暫時被稱為「輔導員」，至於因緣成熟時怎麼稱呼，我還在考慮。）

　　其實，佛法就像那些有利於人的世間知識，出家人也可以接受，在家人也可以接受，尤其是蓮花生大士的教法，更為適合當今時代。懂得藏傳佛教的人都明白，蓮師的偉大無法形容，他的發心力、攝受力不可言說，故被尊稱為「蓮花佛」或「鄔金第二大佛」，對此我們

《蓮師金剛七句祈禱文釋・白蓮花》略講

應生起信心。當然，不懂藏傳佛教的人，可能認為蓮師只是藏地的普通修行人，但這是一種非常片面的認識，以後還是應該多看一下蓮師的傳記。

蓮師的傳記在藏文中相當多，而漢文中，不管是網上還是書中，介紹得都比較少。不過這比以前好多了，以前1987年法王第一次去五台山時，漢人根本不知道蓮花生大士，甚至長年學佛的人也沒聽說過。如今就完全不同了，因此，密法要想讓人們接受，中間要有個適應過程。現在，這個因緣已越來越成熟了。

原來曾有一段時間，排斥密宗的人非常多，其中不乏一些高僧大德和世間學者。那時我們的能力雖然很小，但也通過各種方式作過回應：該駁斥的駁斥；該批評的批評；該交流的，也以非暴力的方式作了正面溝通……這方面做了許許多多工作㊸。而如今，許多人的觀念已轉變過來了，除了對個別藏地修行人的行為不滿、生邪見以外，對藏傳佛教的教義捨棄、誹謗、攻擊的現象，可以說比較少見。

我個人而言，絕對不會宣揚非理的法門，唯有對眾生真正有利的教法，才會想方設法讓你們接受。聽說學院有一位法師，她回自己寺院時，師父對藏傳佛教有點反對，她為此哭了無數次：「這麼好的法，為什麼師父

第
七
節
課

㊸例如，上師仁波切撰著過《密宗斷惑論》、《密宗虹身成就略記》、《略說佛教各派互不相違》、《藏密問答錄》等文，以樹立人們對密宗的正確認識。

不理解？」可能是她眼淚的緣故吧，聽說現在她師父理解了——這是別人給我講的，至於是不是，我也不太清楚。其實，我們這裡的法，並不是狹隘地固執自己的宗派，而是以非常廣闊的心去擁抱整個世界。因此，哪些是正法，哪些是邪法，希望大家能夠明白。

在修學藏傳佛教、尤其是密法的過程中，大家一定要經常祈禱蓮師，因為歷代傳承上師的根本就是蓮師。以前法王去印度時，我們見到了一位舉世公認大慈大悲的大德，他說：「本來我是格魯派的，傳承上師、經師也都是格魯派的，但我自己對寧瑪派的蓮師有不共信心，祈禱蓮師從未間斷過。為什麼呢？因為當年若不是蓮師降伏了藏地野蠻的邪魔外道，不可能有如今這麼殊勝的佛法。現在藏地成了全世界的佛教寶庫，這一切都該歸功於蓮師的宏大發願。為了報答他的恩德，我們始終應以非常虔誠的信心來祈禱。」之後，他還給我們傳了一個自己造的蓮師祈禱文。

可見，具有遠見、心胸廣大的人，可以接受任何教派的法，只要它是正法，是佛菩薩化身所傳的教義，都可以兼收並蓄、為我所用。反之，倘若你只盯著自己的寺院、自己的宗派，甚至，除了自己的師父以外，誰都不承認，那再好的法對你也沒有用。

在座的道友們，以後有機會的話，應在自己的寺院或道場裡塑一些蓮師像，這特別重要，在末法時代也具

《蓮師金剛七句祈禱文釋‧白蓮花》略講

有特殊緣起！每次我去漢地居士家或寺院時，首先都會看有沒有蓮師像，如果有，就會覺得在這裡修行肯定成功。雖說這是我的一種分別念，但也不是沒有理由的。這種信念，並不是我最近傳講七句祈禱文才有，而是從小就對蓮師有特別堅定的信心。

總之，如今末法時代，違緣多如牛毛，為了自己修行順利，也為了弘法利生的事業成功，大家應該多祈禱蓮師，塑造蓮師像、隨身佩戴蓮師像，這會有很殊勝的緣起，大家一定要記住！

今天書裡是這樣講的：

蓮師在《蓮花遺教》中對空行母說：「諸佛殊勝調化剎，每眾生前現化身，昔日無量光佛尊，普陀怙主觀世音，達那夠夏蓮花生，唯有形象現三種，實際無別無不同。」

此教證在前面引用過，只是譯文略有不同。意思是說：在諸佛殊勝的調化剎土中，每一個眾生面前，都有不同形象的蓮師在進行度化。他以什麼方式顯現呢？譬如昔日，在極樂世界，現為無量光佛（阿彌陀佛）；在普陀剎土，現為觀世音菩薩；在鄔金達那夠夏，現為蓮花生大士，這三者雖然形象不同、剎土不同、所化眾生不同，實際上本體無二無別。

這一點大家務必要明白，千萬不要說「我是修觀音

法門的，不信蓮花生大士」、「我學淨土法，只信阿彌陀佛，不信蓮花生大士」。倘若你對阿彌陀佛的化身，一部分相信，一部分卻不相信，這是極不應理的。

現在有些人不學密宗，只學淨土宗，所以我只好對菩提學會開了兩個課，講前行的同時，也推廣淨土。本來這對我來講比較困難，但如果只講前行、蓮師法，有些人就不學了，因為他們不知道蓮師與阿彌陀佛無別。因此，我只好再傳講淨土，他們一看：「噢，那可以，我師父就不怕了，我也不怕了。」——你師父怕什麼？怕蓮花生大士嗎？該怕的地獄、餓鬼、旁生，你們師徒都不怕，不該怕的降伏一切邪魔外道的怙主，你們卻害怕，真是好造業哦！

又云：「安住法界普賢王，密嚴剎土金剛持，金剛座之大能仁，無二自成蓮花我，利生加持大希有。」安住法界宮的法身普賢王如來、密嚴剎土的報身金剛持、南贍部洲於印度金剛座示現成佛的化身釋迦牟尼佛，這三者與我蓮師無二無別，若能以此信念來祈禱，那麼加持力不可思議，利生事業也會廣大無邊。由此可見，佛陀的法報化三身無別，而且都是蓮花生大士。蓮師之所以被稱作「蓮花佛」，原因也在於此。

在我們藏地，對蓮師起邪見或不承認的，應該說沒有。如今在西方，很多人對蓮師也極有信心。以前我們去美國時，那邊盛行著蓮師的預言：「鐵鳥飛，密法

興。」這一預言，第十五世噶瑪巴也曾對弟子說過。意即當空中出現飛機時，末法時代已到來了，此時，蓮師的教法將普傳於整個世界。因此，西方人對密法有特別大的信心，生邪見誹謗的，在佛教徒中幾乎沒有。

據統計，1990年美國有40多萬佛教徒，相當一部分是學藏傳佛教的。這些人對蓮師很有信心，在每一個道場裡，都會祈禱蓮花生大士。當時我開玩笑說：「美國人念蓮師心咒時，聲音很威猛，好像在修忿怒蓮師；法國人念蓮師心咒時，聲音很柔和，好像在修寂靜蓮師。」尤其是法國人的音調，跟我們下課時念得一樣，其實這來自於藏地的江達活佛。他的聲音特別好，住在美國時，索甲仁波切請他唱蓮師心咒，他就先以高山流水調唱祈禱文，之後又念蓮師心咒，慢慢地，這種音調被推廣至好多修行中心。也正是這些大德們的努力，現在歐美國家對蓮師特別有信心。

前段時間，我去了上海菩提學會的一些道場，他們念蓮師心咒也很好聽。希望今後很多道場、寺院，也能常念蓮師心咒。法王如意寶說過：「每次下課以後，若念三到七遍蓮師心咒，所有非人鬼怪、邪魔外道都會遠離。」因此，假如每個道場都能這樣念，對修行真的有很大幫助。

又云：「究竟二資圓滿諸功德，成為長子幻化不可思，過去未來現在一切時，佛教勝幢樹立於十方。」究

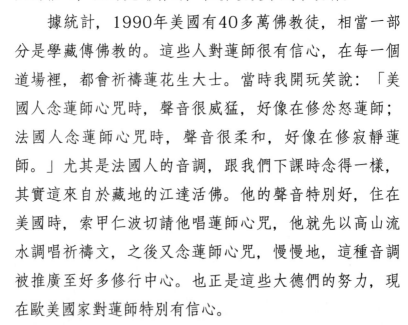

第七節課

114

竟福慧二資、圓滿一切功德而成為諸佛長子的蓮師，以不可思議的幻化身，過去曾利益無量眾生，未來將利益無量眾生，現在正在利益無量眾生，所以，蓮師的化身在一切時中，將佛法勝幢樹立於十方四隅。

蓮師親自幻化的化身特別多，而蓮師加持的高僧大德也不計其數。無垢光尊者每次撰著最甚深的竅訣，常會說「班瑪桑巴瓦所攝受的瑜伽士龍欽繞降，造於剛日托嘎神山」；麥彭仁波切許多教言的後面，也有「生生世世對蓮師具有殊勝不可退轉信心的麥彭秋列南嘉」等字眼。看了這些你就知道，藏傳佛教的許多大德，尤其是弘法利生事業特別廣大的，都是蓮師所攝受、加持的。

其實，漢地也有許多高僧信敬蓮師，每天都持誦「嗡啊吽班則革日班瑪斯德吽」，只不過不敢公開而已。曾有一位大德脖子上掛著蓮師像，平時連弟子都不讓看，那天悄悄拿出來跟我說：「您看，我也是學這個的哦！」然後又趕快裝回去了。

要知道，蓮師的加持、利他的智慧和威力不可思議，值得我們每個人起信心並接受。以前有些人對藏傳佛教不滿、特別排斥，我個人確實有些不理解，其實即便他們是知識分子，也沒什麼不能接受的。我在《佛教科學論》中提過，西方最著名的心理學家榮格，一生致力於《西藏度亡經》[44]的研究，他說：「這部著作一直是

⑭《西藏度亡經》，實際上是蓮師的閩解脫法門。

我的忠實友伴，我不僅要把許多令人興奮的觀點和發現歸功於它，還要把許多根本的洞見歸功於它。」他曾熱情地把此書介紹給了當時最有影響力的思想家——精神分析學創始人弗洛伊德、「科學之父」愛因斯坦等學術巨匠，（既然榮格、愛因斯坦、弗洛伊德對蓮師法門都能接受，現在的大學生、博士生為什麼不能？你們的智慧能否與他們相提並論？有時候看來，似乎現在的知識分子有點過於「聰明」了。）並且坦言：該書的內容真實不虛，書中所揭示的生死因果確實存在。

後來我對榮格都起了信心，將他的一張照片放進《佛教科學論》。有人對此有點不解：「為什麼這本書不放高僧大德的像，卻偏要放愛因斯坦、魯迅、榮格的照片？」因為我覺得，一方面他們的生長環境不太好，但能對佛教、對密法有如是信心，真的很了不起；另一方面，也是為了摧毀那些世間學者的傲慢。

此外，從漢地佛教界來看，許多大德也並不排斥藏傳佛教。比如太虛大師，在《鬥諍堅固中略論時輪金剛法會》一文中，闡述過理當信受密法之理，並從班禪大師那裡，受過時輪金剛灌頂。虛雲老和尚對黃念祖居士說：「密宗的確是釋迦牟尼佛的法。⑤」圓瑛法師也說：「密淨雙修好，萬修萬人去。」其實漢地不管是什麼宗

---

⑤見《黃念祖居士開示集》。看虛老的《年譜》，他剛開始對藏密有些不了解，但晚年時不但接受了，而且還加以讚歎。

派，禪宗也好、天台宗也好，最終都要念阿彌陀佛求生淨土，密宗許多大德臨終時也是如此，由此可見，密宗和淨土宗暫時的觀點雖然不同，但究竟而言殊途同歸，淨密雙修對大多數人是有利的。

藏傳佛教在漢地的弘揚，不僅僅局限於出家僧團，而且也遍及皇宮內院。從歷史上看，自元朝忽必烈敕封八思巴為國師開始，後經元、明、清三代朝廷的尊重與扶植，藏傳佛教在宮廷中一直長盛不衰、極有影響。尤其在清朝，從皇帝到嬪妃、宦官，常接受灌頂並做佛事，皇家御苑中梵刹林立，宮裡珍藏著數以萬計的藏傳佛教珍品。

從康熙、乾隆的傳記看，當時密宗的影響不可小覷。我以前朝拜有些寺院時，見過這兩位皇帝所立的石碑，感覺他們顯現上是九五之尊，但實際上跟高僧大德沒什麼差別。畢竟他們造了那麼多寺院，培養了那麼多出家人，對藏傳佛教非常虔誠，對漢傳佛教的貢獻也極其廣大。

尤為值得一提的是，章嘉國師與清朝皇帝歷來有極深的淵源。比如，章嘉一世是康熙皇帝的國師；章嘉二世是雍正皇帝、乾隆皇帝的國師；章嘉三世是道光皇帝的國師；章嘉四世是同治皇帝的國師；章嘉五世沒有提及；章嘉六世是光緒皇帝的國師；章嘉七世於「文革」前圓寂。

以上那些大德、大人物既然都能接受藏傳佛教，那學淨土宗的個別人也不必怕。藏密並不是邪魔外道，蓮

花生大士也不是該怕的，而應該是值得歡喜的對境。我曾問過一個居士：「你對蓮師有沒有信心？」她說：「有特別大的信心，我很喜歡他！」我問：「為什麼喜歡？」「哎喲，他很帥的，穿的衣服也很漂亮！」後來我也仔細看看蓮師像，確實「很帥」。今天我給你們每人發了一張蓮師像㊻，是塑像的照片，唐卡裡的可能會更帥。（眾笑）

《七品祈禱文教授益西措嘉之小字》中說：「我是法身諸佛予加持，受用報身諸佛賜灌頂，化身一切諸佛作商議，佛教當興南贍部洲中，密宗果法引導眾生故，珍寶海島蓮花莖之中，自生化身表示而來至，具有緣分具信之士夫，若以虔誠之心祈禱我，以勝因果緣起發願力，較其餘佛我悲更迅速，措嘉信解平日祈禱我。」

這段文字的意思是：蓮師是一切法身佛賜予加持，一切報身佛賜予灌頂，一切化身佛顯現上作商議：為令佛法在南贍部洲得以弘揚，尤其以密宗果法來利益無量眾生，故在鄔金達那夠夏珍寶海的蓮花莖上投射「舍」字，之後以自生化身方式而降生的（即蓮師非父母所生，不是胎生、卵生、濕生，而是化生）。若對蓮師具有信心，並以虔誠心來祈禱，那麼以其因地時的發願力㊼，在獲得悉地方面較其他佛的加持更為迅速，因此，日日夜夜祈禱蓮

第七節課

㊻以前法王如意寶在五台山所塑之蓮師像的照片。
㊼蓮師曾發願：「在末法時代，當邪魔外道特別猖狂之時，依我的加持力迅速消除違緣。」

118

師非常重要。這是對益西措嘉空行母的教授。

在座的道友們，為了自己修行圓滿，為了利益眾生、弘揚佛法，一定要經常祈禱蓮師。法王如意寶在印度金剛座的發願文——《願海精髓》中講過：真正有菩提心的人，日日夜夜想的，就是怎樣利益眾生、怎樣弘揚佛法，唯有這兩個目標[48]。而要想實現這兩個目標，祈禱蓮花生大士很重要。

麥彭仁波切在《世出世融合法》中也說：「末法時代，外道、非人、鬼神等特別猖狂，此時要祈禱上師三寶和本尊、護法、空行，而更重要的是，必須祈禱蓮花生大士。」因此，你們如果想修行圓滿、成就弘法事業，平時務必要祈禱蓮師。不管是居士還是出家人，在家或出門時，最好都能常供蓮師像，這種因緣很重要。若能如此，說明你對蓮師有信心。常有人問：「我現在違緣挺重，該念什麼經？」我總是告訴他：「多念蓮師心咒！」我們現在傳的法，以後有沒有可能再講？不一定有這個機會。但不管怎樣，我內心真的很希望你們修行不要出違緣，而不出違緣的唯一辦法，就是要自始至終祈禱蓮師，這有一種不共的緣起力。

有些人可能想：「蓮師的加持怎麼會超過其他佛？比佛還厲害，不可能吧！」不能這麼想。其實每一位聖

《蓮師金剛七句祈禱文釋・白蓮花》略講

---

[48]頌云：「無垢聖教興盛常住世，無偏眾生享受勝利樂，意中所願恆時唯有此。」

尊都有不共的願力，比如在往生淨土方面，說阿彌陀佛的加持遠遠勝過其他佛，這是可以成立的；觀音菩薩和文殊菩薩本來平起平坐，但在開智慧方面，文殊菩薩肯定是「權威」，而在大慈大悲方面，的確要靠觀世音菩薩。我自己就有這種感覺，若要生起大悲心，使勁念觀音心咒，很快就起作用了；如果腦袋迷迷糊糊，記性越來越不行了，馬上祈禱文殊菩薩，也很快就清醒了。

有些固執的人也許不承認：「太愚癡了，不可能吧！」但實際上，你對此是可以現量感受到的，用教證、理證來說明的話，也是可以成立的。所以，我們若要遣除違緣、修行圓滿，尤其是生起密法的境界，祈禱蓮師相當重要！

有人曾跟我說：「祈禱蓮師儘管也可以，但祈禱我上師是最好的，他是多少多少世化身。」（昨天我看了一個光盤，說某某活佛是第65世轉世，不知道是不是特意這麼演的？）雖然祈禱上師是很好，但就化身而言，蓮師是一切上師的總集，他依靠不共的威力，示現為藏傳佛教各派上師。這個道理，前面也引用教證說明過：阿底峽尊者、宗喀巴大師、薩迦班智達，皆為蓮師化現。因此，如果祈禱蓮師，也就祈禱了一切上師、護法、空行、本尊。以諸聖尊集聚於蓮師身上來祈禱，這種方式是最好的，因為只要總體抓到了，對分支的祈禱也就自然涉及了。

如今，弘揚蓮師是最好的時機、最好的緣起，大家

應當好好把握。以前也說過，我認識一個美國修行人，他對蓮師極有信心。那天我獨自從上海檢查身體回來，在機場過了安檢後，突然有人拍我的肩膀，我回頭一看，竟然是那位美國修行人。巧的是，我們互看了機票後，大家都是去成都的，並且是同一航班。我送給他一張蓮師像，因為他對蓮師非常有信心，以前還給過我一個蓮師的教言。

他說：「今天緣起特別好！你看，從上海到成都的飛機，一天中有那麼多航班，我昨天剛從洛杉磯到上海，晚上有點累就沒走，偏偏選了今天這個航班，沒想到你也是這個航班，我們實在有緣，這次的緣起太好了！」我倒沒覺得有什麼特殊緣起，不過，有時候因緣確實奇妙。後來我也想：「我們倆居然在這兒碰到了，還是有點希有，可能也有一些說不清的因緣吧。」所以，對蓮師有信心的人，可以在茫茫人海中不期而遇，甚至弘法利生的事業不知不覺就展開了，這些都跟蓮師的加持密不可分。

《蓮花遺教・空行母問答錄》中說過：「發何願彼能獲得，祈禱蓮生我滿願。」不管你發什麼樣的願，只要祈禱蓮師皆能如願以償。比如遇到困難時，自己實在解決不了，就應該祈禱蓮師。這一點不要有懷疑，也不必到處找人打卦，只要一心一意地祈禱，蓮師定會滿你所願。

《蓮師金剛七句祈禱文釋・白蓮花》略講

有些人認為打卦不科學，這種說法不對。我曾問他們為什麼，回答是：「打卦有時都不準，所以不科學。」我再問：「這樣的話，是不是打卦儀軌應全部廢掉？」他們回答：「是！」我反問道：「那地震局對地震的預測準不準？不要說什麼時候來地震，即便是震後還有多少次餘震，預測也特別不可靠，這樣一來，是不是也應該把地震局撤掉？」他們聽了以後無話可說。其實，打卦只是給你指點個方向，並不是100%一定如此，就像世間也有許多預測一樣，這些都是一種科學。當然，假如你的信心不足或某些因緣不具備，卦象也不一定特別準。

同樣，有些教言說念七遍咒語就能成就什麼果位，你依之念了七遍後，好像任何感覺都沒有，便開始斷言它是假的，這樣也不對。就大多數人而言，其實這也只是給你指個方向，並不一定絕對如此。只有信心大的利根者，才能獲得如是果位。我們祈禱蓮師也是一樣。

《上師修法要文》中云：「猴年猴月之初十，鄔金我定臨藏土，此乃我之誓言也；每一初十之吉日，幻化決定遍藏地，誓言蓮生不欺惑。依賴於我具敬信，擺饈食子珍寶燦，相隨手鼓伴樂音，七句祈禱妙音喚，鄔金我由妙祥山，如愛子泣母不忍，加持降臨立堅誓。」

猴年猴月的初十，蓮師必定會來藏土，這是他的誓言；每個月的初十，蓮師的幻化身決定遍於藏地，此誓

第七節課

122

言不會欺惑任何人。具有信心和恭敬心的弟子，若以蓮師為依怙，擺設食子、珍寶等莊嚴供品，伴隨著手鼓、音樂，以妙音念誦七句祈禱文來呼喚，蓮師一定會從鄔金紅色銅山降臨，猶如母親不忍孩子啼哭一樣，他必定會應聲而至。這是蓮師的堅定誓言，諸如此類的無欺承諾有許多。

世間上有道德的人，尚且不會違背自己的誓言，那蓮師就更不用說了。因此，只要虔誠呼喚或祈禱，蓮師一定會降臨。記得法王如意寶在印度南卓佛學院，講《七句祈禱文講義》時說過：「現在有很多藏人在印度，你們可能會想：蓮師常去藏地，但會不會來印度啊？不要有這種懷疑。不管孩子在哪裡哭，印度也好、漢地也好、藏地也好，母親馬上都會去的，根本不會分別是什麼地方，同樣，你們雖然現在住在印度，但只要虔誠祈禱，蓮師一定會立即降臨。」

現在修蓮師法的人，漢地有很多，美國、日本也不少，但不管在哪一個地方，不管是誰在祈禱，只要你有信心，蓮師定會當下現前。就如同水器只要清澈無垢，月影便會在裡面映現，而不會有絲毫偏墮之心。因此，道友們也不要有種種分別念，應該一心一意地祈禱蓮師。祈禱之後，心裡自然會有種滋潤感，到了一定時候，這種境界不是光靠理論來成立，而是在不知不覺中，你會發現修行順暢了，信心增上了，智慧開啟了，

正見、定解也現前了，這就是諸佛菩薩加持融入心的徵相。反之，倘若沒有得到加持，你口頭上說得再漂亮，但法就是法、人就是人，中間始終會有很大差距。所以，我們修行人最需要的，就是將自心與佛菩薩的加持融為一體，若能如此，即使你沒有證悟聖者境界，但在凡夫地中，出離心等功德也會自然生起，世間八法、貪嗔煩惱也會逐漸遠離。因此，祈禱的確非常有必要。

那麼該如何祈禱呢？繞那朗巴的《耳傳寶庫·第四品益西措嘉之教言》中說：「去往山頂、空谷等合意的地方，祈禱呼喚好似頭已裂開般，生起厭離出離心，懷著感恩戴德的敬信，豌豆大的淚珠滴滴能清淨彌天罪障，這是一大要點。出現覺受，盡力護持。」

這個教言十分殊勝。意即我們應去往山頂、空谷、山洞、森林等無人空曠之處，在那裡因為環境的影響，自會對蓮師等佛菩薩生起信心。此時，若以七句祈禱文來勵力呼喚蓮師，或以各種祈禱文來呼喚自己有信心的本尊，頭就會像裂開一樣，（我看有些居士真的很有信心，一邊哭一邊祈禱「喇嘛欽」，他不是假裝的，這種祈禱完全把他身心轉變了。）對輪迴不再有任何希求心，唯一只想從苦海中出離。因自己切身體會到了佛菩薩的法恩，故而會真實生起感恩之心，豌豆般大的眼淚滴滴淌下，以此能清淨彌天大罪。

這種眼淚很值錢的！世人為了感情、痛苦而流下的

第七節課

124

淚，不但沒有意義，可能還會帶來很多果報。有些人的淚水比較多，但你看一看，這到底是為誰而流？為蓮師、上師、本尊或可憐眾生而流的，有沒有？以前法王如意寶講法時，每每想到上師、想到蓮師，就會情不自禁地流下淚來，尤其在古烏拉澤講中陰法時，憶起當年蓮師在桑耶為他們傳授密法的情景後，老淚縱橫、哭泣不已……儘管二十多年過去了，但我一直記得那個場面。

我們可能沒有這樣的境現，但每次遇到法王去過、住過的地方，我的眼淚還是比較多。前不久我去五台山閉關，事後有人問：「你閉關期間，見了什麼本尊沒有？」我說：「沒有，只是哭得比較多。」有時候心一靜下來，想起上師的恩德、諸佛菩薩的恩德，想起貪著輪迴中無義瑣事的眾生，就會從內心深處生起信心和悲心，並流下淚水。不過，這也只是形象而已，並不是什麼境界，很多道友應該都有。尤其是剛學佛的居士，可能哭得最厲害，我們學院常有這樣的人，過路時不讓你過，一直擋在路邊，邊磕頭邊「嗚嗚」地哭，這種現象最近比較多——有些居士不好意思了，不用低頭，不是說你。

當你哭了很長時間以後，眼淚也流完了，此時的心好像變成了空白。從禪宗來講，這是種開悟的境界，一定要盡力護持，眼淚也用不著擦，就這樣坐著……

「出現覺受，盡力護持」，知道吧？對禪宗和大圓滿的修行人來講，這是很珍貴的竅訣！

第七節課

虛空藏菩薩

126

第八節課

今天講外修法的最後一堂課：

持明德達朗巴的伏藏品《上師猛修法歷史》中記載：「尤其欲求速成就，誰修行供蓮花我，猶如摩尼寶珠前，祈禱自生諸所需。」在末法時代，尤其若想獲得佛菩薩加持而迅速成就，順利承辦息、增、懷、誅的一切事業，必須以猛厲、虔誠之心，一心一意祈禱、供養、觀修蓮師，如此則定能如願以償，猶如在摩尼寶前虔心祈禱，它雖沒有分別念，卻可滿足你的一切所需。

大家都知道，在過去，人們需要財富時，於摩尼寶前祈禱，就會降下財富；需要名聲、地位時，於摩尼寶前祈禱，也都能一一獲得。同樣，我們之所以稱蓮師為「如意寶」，就是因為他能賜予一切悉地，後學者有什麼樣的願望，祈禱蓮師皆能滿足，就像地藏王菩薩能滿足一切所願一樣。尤其在末法時代，眾生成就比較慢，修行時什麼感應都得不到；做事情的效率也特別低，想承辦一件重要的事業，始終都是違緣重重，此時若能祈禱蓮花生大士，他必定會滿足你的一切願望。

昨天，有位薩迦派的堪布來到我家，求一個《文殊靜修大圓滿》的傳承。因為時間關係，我沒有給他念傳承，但還是在大圓滿的境界及見修行果上，彼此作了一些探討。在探討的過程中，他說自己在修行或弘法利生

時，經常遇到各種違緣，很多事情剛開始比較輝煌，慢慢就成了虎頭蛇尾，最後什麼事都無法成功。

他問我有什麼解決方法。我說：「我也不知道，僅憑凡夫的分別念出主意，也不一定準確。不過我個人認為，祈禱蓮師絕不會有任何欺惑。我從小時候起，就一心一意專注於祈禱蓮師，至今從未改變過，也從未放鬆過。還沒讀書時是這樣，直到現在仍是這樣。這麼多年來，我的心比較專一，不是今天喜歡一位本尊，明天就不喜歡了……」他對此也表示認同，覺得祈禱蓮師極有必要，否則，許多違緣很難以避免。比如，他自己在家鄉辦佛學院，前七年都很順利，但後來身體就不好了；他宣講五部大論，剛開頭也不錯，後來眼睛就看不清經書了……

第八節課

我以前認識他。早年法王去印度時，印度南方薩迦派的布惹寺住持，曾請法王去傳法，他當時也在場。在我的印象中，那時候他很年輕，然而二十多年過去了，現在的他也和我一樣，臉上留下了歲月的痕跡，還有很多方面的變化。

在座有些道友可能也像他一樣，希望很快修成一個法門，即生中不要出現違緣，但卻一直難以善始善終，其實這也跟前世、今生各方面的因緣有關。所以，你們平時除了小心謹慎地護持修行以外，還應當依止諸佛總集的蓮花生大士，尤其是末法時代五濁熾盛，祈禱這樣

的如意寶非常有必要！

　　那麼，祈禱蓮師有什麼功德呢？如云：「佛海加持護如子，空行悉地降如雨，現有鬼神行囑事，事業任運救有情。彼等依我而出生，除疑精進而實修，若欺我劣諸君臣！」以蓮師的發願力，只要你誠心祈禱，浩瀚如海的諸佛菩薩都會前來加持、攝受你，猶如母親慈愛自己的孩子般，會特別地哀愍你。不同空行剎土的無量空行母，會為你遣除修行的一切道障，就像天降甘霖一樣，自然賜予共同與不共的悉地。世間和出世間的一切鬼神，也會遵照曾於蓮師等持明上師前所承諾的那樣，幫你順利展開一切利生事業。

　　我們作為大乘佛子，利益眾生是最大的責任，若能祈禱蓮師，這樣的事業便可任運自成，如願救度有緣眾生。很多人特別想幫助眾生，然而因未得到蓮師等諸佛菩薩的加持，即使有一顆利益眾生、弘揚佛法的心，但心有餘而力不足，在實際操作中難免常常碰到違緣。因此，在末法時代，對每個人來講，祈禱蓮花生大士極為重要！

　　諸佛菩薩、空行護法的加持，全部都依靠蓮師而獲得。所以大家在實修時，也不必胡思亂想，應當遣除一切疑惑，全心全意祈禱蓮師。蓮師從不欺惑任何人，如經云：「佛語至誠，終不欺人。」佛的語言最為誠實，

㊾「現」是指涅槃顯現，「有」是指三有。

即使天垮下來，佛陀的語言也不會騙人。因此，我們一定要相信蓮師。只要修成了蓮師，其他本尊、護法自然也就修成了。

其實，這個道理也不難理解。就像世人要承辦一件事情，跟最高領導已經說通了，下面的人就沒問題了。同樣，若能把蓮師的智慧與加持融入自心，那麼各教各派的大德及護法、本尊等的加持，自然也就獲得了，因為蓮師是一切諸佛的總集。所以，我們務必要一心祈禱，即使你對蓮師生不起信心，也千萬不要隨意誹謗。

現在大多數的佛教徒，可以說已步入正軌，但在七八十年代，相當一部分人出來詆毀蓮師，當時我們特別驚訝，覺得這些人太可憐、太可怕了！蓮師是三世諸佛的總集，其智慧、悲心、能力的萬分之一，他們都望塵莫及，竟然還敢那樣誹謗？當然，如果你有特殊的密意，這就另當別論了；但如果沒有，一般的凡夫人，包括著名的學者和法師，也千萬不能這樣做。你要詆毀的話，必須要有充分理由，但你若來藏地深入細緻地學過蓮師伏藏法，看過蓮師的傳記，相信你絕對提不起誹謗之心。

不過，現在有些人被邪見覆蓋了相續，不僅信口誹謗密宗，對淨土宗、禪宗、華嚴宗也大放厥詞。這些人的胡言亂語，根本沒有任何可靠依據，對此我們也沒必要去辯駁。但真正懂道理的人，應當學會以理服人，即

第八節課

使你對蓮師法門生不起信心，也千萬不要去誹謗，這一點務必要切記！

總之，對於蓮師永不欺惑的這些金剛語，我們應當銘記在心。這次講完金剛七句之後，再過兩三年，你若對蓮師法門不起信心，甚至誹謗，這是不行的。真正有智慧的人，年輕時所得到的法門，到了白髮蒼蒼時，還是記憶猶新。就像有些高僧大德，一個竅訣用了一輩子，如此對生生世世都受用無窮。

所以，學了這些內容以後，我們應將唯一的皈依處總集，認定為蓮師如意寶。無論是阿彌陀佛、釋迦牟尼佛、藥師佛，還是觀音菩薩、大勢至菩薩，或是舍利子、目犍連，這些我們常祈禱的皈依境，皆可攝集於蓮師一體，蓮師就是一切聖尊，只要觀修他，一切諸佛菩薩都可以修成。明白這一點後，我們應懷著無比的信心和歡喜心，以迫切的心情唯一受持此祈禱之王——七句祈禱文。

要知道，末法時代眾生業力深重，煩惱重重，違緣也是多之又多，在這樣的環境中修行，唯有依止如暗夜明燈般的蓮師。誦持他的七句祈禱文，其加持最為殊勝、最為迅速，因此，每個人切莫等閒視之，一定要經常念誦。

除了七句祈禱文，蓮師還有一個七品祈禱文，這個內容比較長，在蓮師的傳記中有，許多寺院也經常念

誦。記得《欽則益西多吉密傳》裡，有一段關於此祈禱文的故事：當時欽則益西多吉準備雲遊四方，要求弟子不要跟來。弟子們一直央求：「不管上師您到哪裡，我們都要跟隨您！」尊者只好說：「既然這樣，你們不許向人透露我是欽則，以後由節美充當我們中的上師，在僧眾中排名首位。我以後就叫笨塔，向別人介紹時，就說我是目不識丁的愚笨之徒。」大家無可奈何，只有連連稱諾。

他們一行人跨越千嶺萬壑，雲遊了很多地方。有一次，到了拉卜楞寺，他們想去向貢唐蒼仁波切求法。在寺院外面，一位身材魁梧的格西正在轉繞寺院，見到他們後問：「你們要到哪裡去？」他們回答：「我們準備拜見貢唐蒼仁波切，不知能否見到？」格西說：「應該可以。」於是他們一路慢慢打聽，找到了貢唐蒼的寮房，進去一看，原來剛才那位格西就是貢唐蒼仁波切。

仁波切坐在法座上，旁邊還設有一黃色法座，請他們中的尊長入座，其餘人則可按座次排列，並給他們供養了米、茶等。（一般而言，進了格魯派的寺院，第一個要吃人參果。）他們請求傳法，貢唐蒼仁波切問：「你們排隊的順序是否顛倒了？」節美不容置疑地說：「沒有。」仁波切說：「最好不要顛倒。我們格魯派的法要精藏是《三主要道論》，我可以為你們作廣講。你們一切法的基礎、加持和悉地的根源，就是上師瑜伽，

第八節課

希望處於你們末座的笨塔為我傳七品祈禱文。」節美連忙打圓場說：「笨塔是文盲，恐怕不能滿您的願。」仁波切不無遺憾地說：「噢！？」

在我們寧瑪派，七句祈禱文和七品祈禱文都特別重要。這兩個祈禱文就像漢地早課一樣，在藏地很多寺院，每天早上天還沒亮，出家人就開始唱誦。以前是這樣的，但現在年輕的出家人，不知還有沒有這種習慣了？聽說漢地也是如此，很多新和尚連早晚課都不會背，一上殿就很痛苦，一直在那裡打瞌睡，甚至偷偷發信息，被當家師抓到後開始打……不過在藏地，如今的狀況雖說有所改變，但總體來看，出家人的念誦還是相當殊勝。

當然，這些祈禱文，在家人同樣也可以持誦。希望各地以後都能念蓮師祈禱文，即使七品祈禱文比較長，不好念，七句祈禱文也一定要念。以前法王於1993年、1995年，分別去過西方、東南亞的很多道場，那裡的修行人，念七句祈禱文和蓮師心咒已很熟練了。可是現在漢地很多中心，除了會念阿彌陀佛聖號，從來沒聽過祈禱蓮師的聲音。儘管念佛是非常殊勝，但你們也要了解如何全面修行，這樣才對自己有利。

因為眾生的根基各不相同，有些是依靠彌陀聖號得解脫，有些則是依靠蓮師心咒得解脫，如果說只能念一個，而不能念另一個，這種說法就太偏頗了。因此，將

《蓮師金剛七句祈禱文釋·白蓮花》略講

各種殊勝法門在不同的人群中弘揚開來，非常有必要。釋迦牟尼佛之所以廣開八萬四千法門，也是因為眾生根基不同，需要用不同法門度化。否則，佛陀只說一句就可以了，三千大千世界的眾生也只修一個法門就行了，但實際上並不是這樣。

綜上所述，我們應如何具體觀修蓮師呢？首先，要觀想蓮師從降生到事業之間的顯現。如《上師集密意身續·水晶山》云：「無垢海島綻開花蕊上，未以胎染蓮花班則匝，賜安樂味明妃曼達繞，方便智慧空樂大自在，攝集一切如來意精髓，彼之妙力顯現多幻變。」意即在無垢海中的蓮花蕊上，蓮師以未被胎垢所染的化生方式降生，此時叫「蓮花班則匝」（蓮花金剛力）。他與賜予一切大樂智慧妙味的空行母曼達繞雙運，此空樂無別的大自在遊舞，標誌著方便與智慧，這是所觀修的主尊形象。蓮師攝集十方三世一切如來的智慧精髓，以妙力於世間顯現不可思議的幻化身，而度化無量無邊的眾生。

我們平時修蓮師的上師瑜伽，或者念蓮師心咒，都要一心一意明觀、祈禱、勸請蓮師及其眷屬勇士空行，並希求再再接受蓮師的灌頂。接受什麼灌頂呢？並不是非得上師拿個寶瓶給你灌頂，而是通過猛厲祈禱蓮師，觀想蓮師三處發光融入自己的三處，最後融入於自己心

間，這叫做「道灌頂」。這種灌頂很重要，每次入座⑤時要反覆觀想，如是加持力相當殊勝、迅速，對此一定要盡力護持。

迴向後出定到修下一座之間，叫「座間」，也叫「後得」。在此階段，要將一切顯現觀為蓮師的遊舞，不論看到什麼形象，都要觀想是蓮師的化現。比如有人罵你、說你過失，你要想：「是蓮師為了調伏我，化為壞人形象制止我的過失，他一定是蓮花生大士！」也就是說，各種聲音要觀為蓮師的金剛語，起心動念要觀為蓮師的智慧妙用，對一切事物應該修清淨觀，自己平時強烈的慈悲心、菩提心，也了知為蓮師的顯現與妙力。

這些修法真的很殊勝、很深奧，一般不允許公開傳授。不過，今年有個特殊的緣起，雖然我也怕洩露秘密，但從另一方面來講，你們很多修行人，如果沒得到這樣強烈的加持，修行不一定能圓滿成功。所以，大家務必要懂得這些道理，至於行不行持，當然由個人的信心和因緣決定。

那麼，平時應如何實地修持呢？下面講了五種加持：「修行慈悲菩提心，加持自之心相續；住所觀為鄔金處，加持一切諸方位；房舍觀想無量殿，加持所居之臥室；會眾視為本尊相，加持成為智慧尊；飲食觀想為甘露，加持成為供養品。如是五種加持中，放射不可思

---

⑤從閉關到出關之間，或者每天念誦的整個過程，都可以叫入座。

《蓮師金剛七句祈禱文釋・白蓮花》略講

議支。」

（一）平時我們要修慈悲菩提心，以加持心相續。

（二）平時我們所在的城市等處，要觀想為鄔金剎土，以加持一切諸方所。

（三）平時我們居住的房子，不要認為只是個水泥的破房子，而要觀想為無量宮殿。《大圓滿前行》也講過發心有兩種，一是發菩提心，二是觀清淨心。其實我們行住坐臥等一切行為，觀清淨心很重要。對於自己的住所等環境，要麼觀為蓮師剎土，要麼觀為極樂世界，要麼觀為其他佛的剎土。因為我們三門本來就是智慧的遊舞，只是現在還沒認識到這一點而已，所以，這種觀修方法非常深奧。

（四）平時我們共修的道友，要全部觀想為金剛手、文殊、普賢等菩薩。不能像有些人一樣，認為「這個是壞人，那個嫉妒心強，那個嗔恨心大，那個貪心很重……」，似乎所有的人都是壞蛋，唯獨自己是文殊菩薩。這樣觀想肯定不行，要將一切道友看作智慧本尊。

（五）平時我們享用的飲食，要觀想為諸佛菩薩所加持的甘露、薈供品。有些人吃飯特別挑剔，總覺得這個不好吃、那個難以下嚥，自己做的吃不下，別人做的也不愛吃，反正世界上找不到好吃的東西了。這樣是不行的，應把所有飲食都觀為甘露，尤其每次吃飯前要念些供養咒，或把食物觀為薈供品，再念個簡供儀軌供養

一切諸佛菩薩，如是將普通飲食轉為道用，是最好的。

　　具體怎麼念呢？前面先念供養咒：

嗡阿吽	嗡阿吽
敦巴拉美桑吉仁波切	無上本師即佛寶
秀巴拉美丹秋仁波切	無上救護即法寶
珍巴拉美根登仁波切	無上引導即僧寶
嘉內滾秋森拉秋巴波_日	供養皈處三寶尊

之後是簡供儀軌：

讓央康㉑	讓央康
匝森拉措措拉先珍夏	迎請三根本眾薈供
協囊桑沃得欽措巧波	獻外內密大樂之薈供
丹策年恰檀嘉托洛夏	一切誓言違失發露懺
尼怎扎嘎丘傑央色卓	二執魔仇法界中解脫
年涅得瓦欽波特丹剛	平等大樂密意願滿足
巧當屯盟歐哲匝得所	祈賜殊勝共同諸悉地

　　好，這就把食品轉成薈供品了！如果方便的話，以後你們也應該這樣做。

　　這五種加持方法，涉及到許多方面的內容。若能依此實地修持，必將自在圓滿共同悉地與殊勝悉地。

　　以上講完了蓮師祈禱文的外修法，下面順便講一下最後的「匯集實修道次第」。我只是在字面上念下去，

㉑另一種是念「嗡阿吽吙」，這兩種都可以。

《蓮師金剛七句祈禱文釋・白蓮花》略講

大家掌握觀修方法就可以了，不必很細緻地解說。中間的解脫道、方便道及大圓滿的修法，這次先不講，等你們修完加行、因緣具足時再傳授。

下面這個實修法，總結了前面一些道理⑫，最好是得過灌頂或對蓮師有不共信心的人，才可以聽受。

第三、匯集實修道次第：

首先，以上師瑜伽的方式進行祈禱，以此獲得強烈加持，作為顯現我們自然本智的因緣。（上師瑜伽很重要，一定要修啊！即使不能修其他法，每天也要不間斷地修上師瑜伽。修蓮師的也可以，修其他上師的也可以，但你所念誦的祈禱文，最好是金剛語。）

隨後，要依止一位具有法相的善知識，在他面前，基本上領悟方便道、解脫道以及大圓滿的竅訣。並通過精進修行，在短暫的人生中，證悟大圓滿不共竅訣的密意，最終步入持明上師的行列，達到他們那樣的境界。

也就是說⑬，修持的時候，先要了知蓮師是一切諸佛菩薩的總集，並以堅定不移的誠摯信，將其觀在頭頂上。如果你對密法有一定見解，可觀想蓮師與空行母益西措嘉的雙運像；如果這方面的定解還不成熟，那就觀想蓮師的單身像。

自己觀為平庸的身體，然後修七支供，並以金剛七

⑫包括外修法、內修法、密修法、極密修法。
⑬這一段修法的內容，詳見《與七句祈禱文相屬之上師瑜伽‧降加持雨》。

句猛厲祈禱，觀想蓮師的身體降下甘露，自己好似沐浴一般，無始以來三門一切病魔、罪障、痛苦，以骯髒的膿血、含生、煙汁等形象排出。最終自身也如鹽融入水般，淨化的汁液都流入地下死主為首的怨親債主口裡，使他們得以滿足，還清宿債，消除一切損害，進而消失於空性中（就像金剛薩埵的修法一樣）。

尤其是有些人身體不好，或者修行違緣特別大，比如身上有附體、常見到各種幻象，若能這樣修上師瑜伽，把自己的身體布施給那些怨魔債主，讓他們得以滿足，則定能遣除一切障礙。

這個修法一定要懂啊！有些人口口聲聲說自己是修行人，卻連一座甚深修法都不曾修過，確實很可笑；有些人剛聽一部法時，最初修了一兩天，然後又不修了，這樣很不好。一般來講，一個人終生應選擇一兩個甚深法門永遠修持，不論你住在哪個寺院、隨哪個宗派修學，都不要緊，重要的是，該修的法要永遠修下去。

承接剛才所說，你平庸的身體像鹽融入水一樣沒有了，已全部布施給怨親債主了。此時再將自己的身體，觀成自己有信心之本尊光明身的形象。頂上的蓮師化為光，向下降臨到心間八瓣蓮花的中央，在與不壞明點一味平等大樂的智慧中入定。

法王如意寶的上師瑜伽，與此略有不同，最後是觀想上師化光變成一五色明點，之後融入自己的心。但總

《蓮師金剛七句祈禱文釋·白蓮花》略講

的來說，都可以這樣修：觀想上師融入光，光再融入自心，上師不可思議的智慧與自己的分別心融為一體，在這樣的境界中安住少許。

以後修上師瑜伽時，大家要學會安住，安住時要觀想上師的智慧融入自己，自己跟上師的身口意一味一體。比如，修法王如意寶的上師瑜伽時，到了最後念：「塔呢喇嘛哦諔特雷傑，讓革協臥內耶釀威騰，嘉根耶希吉迪喇嘛當，嘎瓦年波辛拉托巴三。㊿」然後安住至少一分鐘以上。上師瑜伽應當這樣修。

希望漢地的修行人，以後多修蓮師或法王的上師瑜伽。修的時候，最終要觀想上師融入光，光再融入自心，或者可觀想上師的三處發光融入自己等等。雖然每個儀軌的修法不同，但它文字怎麼講，你怎麼觀想就可以了，這沒什麼不懂的，只要有小學水平，誰都看得懂。如果你永遠都是口裡會念，心裡卻從不觀修詞句的意義，那得不到什麼實際利益。

如是安住一會兒後，按《開顯解脫道》中上師瑜伽的修法，出定時要念一些蓮師心咒，接著念「結瓦根德樣達喇嘛當……㊶」，最後念後面的祈禱文；若是修法王的上師瑜伽，出定後不念蓮師心咒，那入定的時間最

㊿意即：後師已成五光之明點，由從自頂滲入於心間，當思諸佛智慧總集，獲得與彼同分之加持。
㊶結瓦根德樣達喇嘛當，札梅秋結華拉隆修內，沙當蘭結雲單屬造內，多吉薔格顧旁涅脫效。意即：生生世世不離師，恆時享用勝法樂，圓滿地道功德已，唯願速得金剛持。

好長一點，比如三、五分鐘，甚至十五分鐘、半個小時。安住的時候，要將自己的分別心跟上師的智慧融為一體，這種修法非常有加持力，裡面還有很多很多——我好像講得太廣了，不能這樣啊，外面很多人還沒灌頂呢！

出定後得時，日常的吃飯、走路、供養、轉繞等，凡是見到的、聽到的、想到的，全部要觀想為上師的身體、上師的語言、上師的智慧妙用。晚上臨睡前，將上師觀成明點，融入自己心間而入睡……諸如此類，一切座間都成了上師的行為，如河流般無有間斷精進於善行。修上師瑜伽若能達到這種境界，處在永不間斷的狀態中，當然是最好，但對一般人而言，他的「河流」可能常常要斷，流的時間也比較短。（眾笑）

或者，也可將上師觀想在前方虛空中，有生圓次第境界的人，可觀想上師的雙運像；如果實在不行，則可觀想上師的單身像。就像《虛幻休息》中所說，應觀想上師的形象不變，上師的本體是諸佛菩薩的總集，然後在所觀想的上師面前，進行供養、讚歎、祈禱，念一些遠喚上師的偈頌，祈願賜予身語意的加持等。

其實，祈禱上師的習慣很重要。若能經常祈禱上師，到了一定時候，許多境界會紛然呈現，修任何本尊都沒有困難。但如果你這一關沒有開通，想修成其他的法，確實很不容易。這是諸持明上師所傳下的竅訣，上

師如意寶也在不同場合中，講過這方面的許多教言。

今年在實修過程中，我覺得上師瑜伽特別需要。不管是蓮師的、法王的，還是其他佛菩薩化現之上師的，都可以。對上師瑜伽若能特別重視，你們的修行肯定成功，否則會出現許多障礙、違緣。為什麼上師瑜伽如此重要呢？因為上師可帶來增上生、決定勝的一切功德，尤其是深道的證悟，完全依賴於上師的加持。這一點，不僅藏傳佛教如此，漢地的開悟者也是如此，在禪宗很多公案裡，都是依靠上師的加持、表示或顯現，才讓弟子頓然開悟。當然最關鍵的是，弟子對上師要有信心和清淨觀，依靠這種因緣，自然就會獲得證悟。

如云：「當知勝義俱生智，唯依積資淨罪果，具足證悟師加持，尋覓他法誠愚癡。」若要證悟勝義的本來智慧，唯有依靠積累資糧、淨除罪障，以及具相上師的強力加持，倘若捨棄這些，而到處尋覓其他方法開悟，實在是愚癡的行為。所以，如果想獲得證悟，一定要依止上師教言，尤其要修上師瑜伽，此舉會讓我們無有道障地迅速達成所願。反之，假如不修這些而修其他法，比如觀風脈明點，則很容易出現各種障礙。

那天有個人說：「我天天在肚子裡持風，現在五臟六腑好像沒有了，我成了一個大大的玻璃瓶。不過有時想起來，裡面似乎還有一條毒蛇。」這些聽起來都有點可怕。若沒有上師的竅訣，只憑自己想像來修，結果肯

定不太好。所以，大家應依據有加持、有教理的修法來觀修上師、祈禱蓮師，這樣肯定事半功倍。

值得一提的是，在祈禱上師的過程中，最好能念大成就者的金剛語。有些人喜歡自己寫讚頌文「上師如佛一般，我如菩薩一般……」，自己讀自己的「金剛語」，這沒有多大必要。還是要讀蓮師或其他成就者的語言，這才會有真正的加持。

又云：「非由他說乃俱生，於一切處皆不得，當知依師說時法，以及自己之福德。」證悟俱生的智慧，於一切時處中不靠他法獲得，唯一要靠上師的竅訣及自己的福德力，當這兩個因緣聚合時，才可以證悟那種不可言說的境界。因此，有福報的人願意修上師瑜伽，也會遇到具有法相、具有加持的上師，當上師的加持和自己的誠心祈禱融為一體時，想要明心見性並不困難。

總之，為了現前心的本來面目，我們要通過聞思修行，不斷串習經續及注疏的教義，尤其是上師直指心性的竅訣。對所修之義無有懷疑之後，依靠方便道、解脫道中適宜的一種，結合自己的覺受、證悟時間如理精勤，最終必將成就暫時、究竟之果。

以上簡單介紹了蓮師及其祈禱文的殊勝功德。

這次之所以給大家傳講麥彭仁波切的注釋《白蓮花》，也是因為看到麥彭仁波切在後面小字中說：「願

《蓮師金剛七句祈禱文釋・白蓮花》略講

與我此結緣者，世世蓮師予攝持，聞思修行無障礙，任運成就自他利。」意即凡與我麥彭仁波切、與此七句祈禱文結緣的人，祈願蓮師生生世世攝受、加持他，讓他的聞思修行永遠不出任何違緣，利益眾生的事業任運自成，自然成就自他二利。我覺得這個偈頌很重要，學佛的目標也就是如此，所以為了諸位道友修行圓滿，我給大家傳了這個竅訣。

同時，我還翻譯了《蓮師心咒之功德》，希望通過這個緣起，漢地各個地方都能對蓮師生起信心。若對蓮師有了信心，以眾多教證、理證足以說明：佛法必將越來越興盛，每個人的修行也一定會成功。

因此，你們平日出門時，應該帶著蓮師像，在自家佛堂裡，也最好是供著蓮師像。我曾見過一個人，家裡設了兩個佛堂，顯宗的佛堂設在這邊，密宗的佛堂設在那邊，就怕不同的佛菩薩互相看到了。這樣真的沒有必要，顯密的佛菩薩本為一體，況且現在世間上，東方人和西方人都可以住在一個房間，諸佛菩薩就更不用說了。他們在一起，絕對不會打架或起衝突，所以根本不需要設兩個佛堂，在顯宗的佛堂裡供奉蓮師，不會給你帶來任何障礙。有些剛開始學佛的人，分別念特別重，不如法的地方想得多，如法的地方卻從不思維。所以，你們對身邊持有邪見者，有機緣的時候，應把他們的見解漸漸轉變過來，讓他們學習有意義的法，這個很重要！

有些人可能會想：「像我這樣低劣的人，如果祈禱蓮師，他會不會賜予加持啊？」其實蓮師不會有任何分別。不要說蓮師，像我這樣的一般人，只要你認真修持、利益眾生，不管你是薩迦派還是格魯派、藏族人還是漢族人，我都會特別隨喜，從來不會想「他不是我們宗派的，他學習是他的事，跟我沒關係」。既然我們凡夫人都能如此，那麼像蓮師這樣的智慧本尊，更會對所有眾生平等對待、維護、加持了。因此，我們要時時刻刻祈禱蓮師。

　　這次傳了這部法，也是一個很好的因緣。以前我見過許多不如法的現象，很想把這些道理說給大家聽，但一直沒有機會。這次講了以後，可能有些人會重視起來，有些人也不一定。如果你不重視，那放棄也可以；如果真的重視了，也許對自他會有一些利益！

《蓮師金剛七句祈禱文釋・白蓮花》略講

第
八
節
課

普賢菩薩

《蓮師金剛七句祈禱文釋·白蓮花》略講
思考題

第1節課

1、剛開始學習密法時，先要注意什麼？這有什麼必要？倘若有人一學佛就高攀甚深大法，你打算怎麼勸導他？

2、七句祈禱文是蓮師所造嗎？它是如何形成的？按照《七句祈禱文修法》的觀點，持誦它哪些功德？

3、很多人念七句祈禱文的發音或音調不同，這有影響嗎？為什麼？

第2節課

4、有些人認為，蓮師不過是個在家的密咒士，只是藏傳佛教把他神化了，他的觀點好多都不如法。對此你如何駁斥？請引用教證詳細說明。

5、在我們這個世界，蓮師有哪八種化現？請一一說明其來歷。

6、為什麼說蓮師在遣除道障、違緣方面有不共的威力？你有這方面的體會嗎？

第3節課

7、大鵬鳥有哪些殊勝功德？平時為什麼要經常祈禱牠？你是怎樣觀修的？

8、如果你是寧瑪派的弟子，能否學習格魯派等其他教派的法？為什麼？請引用教證說明原因。最後可得出什麼結論？

9、《大圓滿前行》說密法只在三尊佛的教法中才會興盛，而此處又說賢劫千佛的每一時代，都各有一位蓮師降臨於世，弘揚密法，這兩種說法是否矛盾？為什麼？

10、蓮師親口講過，在具強烈信心的眾生面前，他的悲心及加持比其他佛更迅速。這種說法你能接受嗎？為什麼？

11、假如你想對密法生起信心，首先必須要做到什麼？為什麼？你今後有何打算？

第4節課

12、在觀修時，主尊周圍的眷屬，為什麼也是祈禱的對境？明白這個道理，對你有何幫助？

13、諸佛菩薩、諸位上師都有不同的殊勝功德，而我們的相續只有一個，平時應當祈禱哪個好呢？請說說你是怎麼修的？

14、有些人認為，學習藏傳佛教的最大好處，就是出家人可以隨便娶妻，因為蓮花生大士就是如此。對此你如何看待？請說明理由。

15、你怎麼理解「令自轉變之同時，他心亦變事業

《蓮師金剛七句祈禱文釋·白蓮花》略講　思考題

成」這句話？除了法本中所講的內容外，還可以如何發揮？

第5節課

16、請詳細解釋，何為「依修四支」？它與生圓次第是什麼關係？為什麼說七句祈禱文具足依修四支？

17、在觀修任何一位本尊前，最好是剛開始做些什麼？這有哪些必要？你嘗試過嗎？

18、為什麼說每個月的初十，是一切時間之王？了知這一點後，你以後打算怎麼做？

19、一般而言，許多大成就者不喜歡顯露自己的境界，而蓮師常自稱為一切加持之來源，自己的功德極為超勝，這是否不太合理？請談談你的想法。

第6節課

20、如何才能與上師真正相應？在這方面，你打算作什麼樣的努力？

21、現在生活中常會提到「禪」一字，那麼「禪」到底是什麼？怎樣理解「禪」與「隨順眾生」的關係？

22、什麼是伏藏？它具有什麼特點？請談談你對伏藏的了解。

23、請引用幾個教證說明，祈禱蓮師必定獲得加持。你對此有信心嗎？

《蓮師金剛七句祈禱文釋·白蓮花》略講

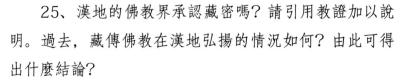

第7節課

24、常有人說：「我是學淨土宗的，只信阿彌陀佛，不信蓮花生大士。」對此你如何評價？請說明理由。

25、漢地的佛教界承認藏密嗎？請引用教證加以說明。過去，藏傳佛教在漢地弘揚的情況如何？由此可得出什麼結論？

26、蓮師曾許諾要在初十去往藏地，那漢地的人祈禱蓮師是否就沒用了？為什麼？

第8節課

27、有些人認為修行應當一門深入，專持一句佛號就可以了，不必再學什麼蓮師法門。對此觀點你怎麼認為？請說明理由。

28、我們應當如何觀修蓮師的上師瑜伽？平時又該如何實地修持？你是怎麼修的？

29、請大致歸納一下「匯集實修道次第」。學習這個對你有哪些幫助？

30、通過學習這部法，你最大的收穫是什麼？假如周圍有人不了解蓮師，甚至加以誹謗，你打算怎麼引導他們？

《蓮師金剛七句祈禱文釋‧白蓮花》略講 思考題

附：

蓮師心咒之功德

蓮花生大士　伏藏

噶瑪朗巴大師　取藏

索達吉堪布　翻譯

頂禮上師本尊空行！

　　益西措嘉女子我，供養外、內、密大曼茶羅而呈白：「奇哉！蓮花生大士，對我們西藏的一切眾生，今生來世作了廣大利益，勝過您深恩厚德者，以前未曾出現過，以後也不會出現。您已恩賜了如醍醐般的修法，我雖是女流，卻無有懷疑，而未來的眾生三心二意，剛強野蠻，對妙法起邪見，尤其會誹謗無上密法，到那時，一切眾生前疾疫、飢饉、刀兵頻起，尤其漢、藏、蒙如同毀壞蟻穴一般，到了西藏百姓受苦的時刻。您已宣說眾多扭轉方便，而未來的人們無有空閒修行，個別想修行之人也是違緣重重，眾生意願不一，不具足財物，行為不如法，如此惡時極難阻擋。於如此之時，唯一依靠蓮師的修法心咒，有什麼利益？為利未來淺慧者，請求宣說。」

　　爾後，蓮花生大士告言：「噢，具有信心的女子您

151

所陳述千真萬確，於未來如是時刻對眾生必定有暫時究竟利益的不可估量竅訣修行，許多已隱蔽成地伏藏、水伏藏、岩伏藏、虛空伏藏等。惡時之際，有緣者的方便緣起極難聚合，這是眾生福德窮盡之相。然而在如此之時，這一『嗡啊吽班則革日班瑪斯德吽』，在聖地或寺院或高山之巔或大河之畔，鬼神魑魅猖獗的溝頭溝尾等處，具足誓言的咒師、具足戒律的僧眾、具足信心的士夫、具足法相的女子等，如果在廣大發心的狀態中盡可能念誦百、千、萬、十萬、千萬、一億遍等，則功德利益威力不可思議，於一切地方，能遣除疾疫、飢饉、刀兵、戰亂、天災、凶兆、厄運，能令風調雨順，農牧豐裕，諸地吉祥。在今生、來世、中陰，上根者直接、中根者於覺受中、下根者於夢中屢屢見到我，次第圓滿地、道以後，必定於妙拂洲剎土趨入男女持明行列。

　　即使（每天）不間斷念誦一百遍，也會使他人悅意，在無勤中獲得食品、財物受用；

　　如果念誦千、萬遍等，則能懾服、加持他心，無礙成就威力；

　　倘若念誦十萬、百萬遍等，則能懷柔三界，懾服三有，役使鬼神，無礙成就四種事業，能行持一切眾生所想的無量利益；

　　如若能念誦三千萬或七千萬遍等，則與三世諸佛不相分離，與我無二無別，所有天龍八部言聽計從，交口

稱讚，成辦所囑託之事。

上根者於即生成就虹身，中根者在臨終時認識母子光明，下根者也會在中陰面見我而顯現解脫於自地，往生妙拂洲剎土，利益無量眾生。」

（益西措嘉空行母呈白：）「大士啊，宣說如此無量廣大功德威力，恩德實大。蓮師心咒逐字解釋的功德威力雖然不可估量，但為利益未來眾生，請求攝略宣說。」

爾後蓮花生大士告言：「噢，善女子，『嗡啊吽班則革日班瑪斯德吽』並不是我獨有的心咒，它是四續部本尊、九次第乘、八萬四千法蘊的命根，此中俱全三世諸佛、上師本尊空行護法等的心咒。俱全的原因何在呢？認真諦聽，銘記在心，當念誦、當繕寫、當於未來眾生講說。

嗡啊吽班則革日班瑪斯德吽，

其中『嗡啊吽』是諸佛身語意的心咒；

『班則』是金剛部的心咒；

『革日』是珍寶部的心咒；

『班瑪』是蓮花部的心咒；

『斯德』是事業部的心咒；

『吽』是善逝部的心咒。

嗡啊吽班則革日班瑪斯德吽，

　『嗡』圓滿五方佛報身；

　『啊』圓滿無變法身；

　『吽』圓滿化身蓮師；

　『班則』圓滿黑日嘎之尊眾；

　『革日』圓滿上師持明尊眾；

　『班瑪』圓滿空行本尊壇城；

　『斯德』是財神、伏藏主之命脈；

　『吽』是無餘一切護法之命脈。

嗡啊吽班則革日班瑪斯德吽，

　『嗡啊吽』是三傳承⑤⑥之命脈；

　『班則』是律藏、經藏之命脈；

　『革日』是論藏、事續之命脈；

　『班瑪』是行續、瑜伽續之命脈；

　『斯德』是瑪哈、阿努之命脈；

　『吽』是大圓滿阿底之命脈。

嗡啊吽班則革日班瑪斯德吽，

　以『嗡啊吽』清淨三毒障；

　以『班則』清淨嗔心障；

　以『革日』清淨我慢障；

附：蓮師心咒之功德

---

⑤⑥三傳承：如來密意傳、持明表示傳、補特伽羅耳傳。

154

以『班瑪』清淨貪心障；

以『斯德』清淨嫉妒障；

以『吽』清淨煩惱障。

嗡啊吽班則革日班瑪斯德吽，

以『嗡啊吽』獲得法、報、化身；

以『班則』獲得大圓鏡智；

以『革日』獲得平等性智；

以『班瑪』獲得妙觀察智；

以『斯德』獲得成所作智；

以『吽』獲得五種本智任運成就。

嗡啊吽班則革日班瑪斯德吽，

以『嗡啊吽』調伏天、鬼、人；

以『班則』勝伏尋香、火神諸魔；

以『革日』勝伏閻羅、羅剎諸魔；

以『班瑪』勝伏水神、風神諸魔；

以『斯德』勝伏夜叉、自在天神諸魔；

以『吽』勝伏惡曜、地神諸魔。

嗡啊吽班則革日班瑪斯德吽，

以『嗡啊吽』成就六波羅蜜多；

以『班則』成就一切息業；

《蓮師金剛七句祈禱文釋·白蓮花》略講

以『革日』成就一切增業；

以『班瑪』成就一切懷業；

以『斯德』成就一切事業；

以『吽』成就一切誅業。

嗡啊吽班則革日班瑪斯德吽，

以『嗡啊吽』回遮僧人苯教橛詛咒；

以『班則』回遮（他人所迎請）智慧本尊的詛咒；

以『革日』回遮天龍八部詛咒；

以『班瑪』回遮世間鬼神詛咒；

以『斯德』回遮龍類、地神詛咒；

以『吽』回遮天、鬼、人詛咒。

嗡啊吽班則革日班瑪斯德吽，

以『嗡啊吽』摧毀五毒之魔軍；

以『班則』摧毀嗔心之魔軍；

以『革日』摧毀我慢之魔軍；

以『班瑪』摧毀貪心之魔軍；

以『斯德』摧毀嫉妒之魔軍；

以『吽』摧毀天、鬼、人之魔軍。

嗡啊吽班則革日班瑪斯德吽，

以『嗡啊吽』獲得身語意悉地；

附：蓮師心咒之功德

以『班則』獲得寂猛本尊悉地；

以『革日』獲得持明上師悉地；

以『班瑪』獲得空行護法悉地；

以『斯德』獲得殊勝共同悉地；

以『吽』無餘獲得一切所求悉地。

嗡啊吽班則革日班瑪斯德吽，

以『嗡啊吽』往生本來刹土；

以『班則』往生東方現喜刹土；

以『革日』往生南方具德刹土；

以『班瑪』往生西方極樂世界；

以『斯德』往生北方事業刹土；

以『吽』往生中方不動刹土。

嗡啊吽班則革日班瑪斯德吽，

以『嗡啊吽』獲得三身持明；

以『班則』獲得住地持明；

以『革日』獲得壽自在持明；

以『班瑪』獲得大手印持明；

以『斯德』獲得任運持明；

以『吽』獲得異熟持明。

《蓮師金剛七句祈禱文釋・白蓮花》略講

嗡啊吽班則革日班瑪斯德吽，
念誦一遍蓮師之心咒，
彼若有色世界也難容，
見聞憶念此之諸眾生，
必定置於男女持明列。
無欺蓮師心咒諦實語，
若未如其所願而成辦，
蓮生我已欺惑諸有情，
決定無欺依教而修行。
此咒作成幡旗飄頂巔，
風觸眾生無疑得解脫，
抑或刻寫土木石面上，
予以開光設置道路旁，
誰見清淨疾疫諸魔障，
住於彼地鬼神皆遠離，
金粉書於藍紙繫帶身，
一切魔障鬼王不能害。
如若命終不離屍體焚，
彩虹縈繞定生極樂國，
繕寫諷誦功德不可量，
為利未來有情隱藏彼，
願諸具緣之子得值遇。」

附：蓮師心咒之功德

薩瑪雅！印！印！印！於邪見者保密！印！印！印！交付予具誓言者！印！印！印！化身噶瑪朗巴開取伏藏而由黃紙中抄錄。

2009年8月26日譯

《蓮師金剛七句祈禱文釋·白蓮花》略講

蓮花塔

菩提塔

轉法輪塔

神變塔

八大佛塔

天降塔

附：蓮師心咒之功德

和合塔

尊勝塔

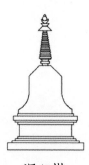

涅槃塔

160